항공 기내방송에 관련된 전반적인 기초실무지식

항공 기내방송

조선이 지음

백산출판사

머리말

Preface

항공 기내방송은 승객이 항공여행에 필요한 내용과 정보를 전달해 주기 위해 필요하며, 때로는 승객의 안전을 위해 적절한 통제를 하는 중요한 기능을 가지고 있다. 기내에서 제공하는 기내방송의 내용으로는 수하물 보관과 환영인사, 이·착륙 안내, 난기류 등 다양한 상황에 맞도록 기내방송을 실시하고 있다. 항공여행이 보편화되면서 기내방송에 대한 승객들의 관심 또한 날로 증가하고 있어, 최근 항공사에서는 전 승무원의 기내방송 자격 취득을 권장하고 있는 실정이다. 이에 승무원을 희망하는 우리 학생들은 항공사 입사를 위해 기내방송에 관심을 가지고 연습을 해야 한다. 기내방송을 꾸준히 연습하면 목소리와 발음 교정이 되며 자연스럽게 면접에서 적절한 화법을 구사할 수 있게 된다. 평소에 철저한 연습과 신중하고 성의 있는 방송 그리고 부드럽고 친절하게 방송 연습을 해야 한다. 기내방송은 선천적으로 잘 하는 사람도 있겠지만, 무엇보다도 중요한 것은 부단히 노력하는 것이다.

본 책은 크게 6개 장으로 구성되어 있다. 1장은 기내방송의 목적과 책임을 다룬 기내방송의 규정에 관련된 내용을 담았다. 2장은 국내선 기내방송에 대한 내용이다. 국내선에서 실시되는 방송의 내용을 정리해 보았다. 3장은 국제선 기내방송에 대한 내용을 다루었으며 국제선 기내방송으로 도움이 될 만한 내용을 정리해 보았다. 4장은 비상 시 기내방송에 대한 내용이다. 비상 시 대처해야 하는 기본적인 방송이 주된 내용이다. 5장은 방송 방법 및 마이크 사용법으로 방송에 대하는 의미와 방법 등에 대한 내용이 담겨 있다. 마지막으로 6장은 발음 연습으로 구성하여 본격적인 기내방송에 앞서 기본적인 발음 연습을 소개하였다. 이 책을 통해 승무원을 지망하는 학생들은 기내방송의 내용을 바르게 이해하고 승객들에게 내용을 명확하게 전달할 수 있도록 연습해야 한다.

기내방송은 정확하고 신속한 내용 전달이 될 수 있도록 부드럽고 친절하게 승객들에게 제공되어야 하며, 승무원을 준비하는 학생들에게 이 책을 활용하여 기내방송의 역할을 충실히 이해할 수 있도록 활용되었으면 한다.

끝으로 좋은 책이 될 수 있도록 도움을 아끼지 않으신 백산출판사 관계자 여러분, 함께 생각을 나누고 편찬에 도움을 주신 지인들과 가족들에게 깊은 감사를 드린다.

2013년 저자

차 례

Contents

제3장 국제선 기내방송 / 43

제4장 비상 시 기내방송 / 117

제5장 방송 방법 및 마이크 사용법 / 129

제6장 발음 연습 / 143

제 1 장

기내방송 규정

1 기내방송 규정

제1절 기내방송의 목적

1. 기내방송은 크게 조종사가 하는 방송과 승무원이 하는 방송으로 구분한다. 본 책에서는 객실승무원이 하는 기내방송을 주로 사용하였다. 기내방송은 승객에게 비행 중 여행에 필요한 정보전달, 서비스 내용, 시설 이용 방법의 기능을 제공하며 비행안전과 관련하여 승객을 효율적으로 통제함으로써 승객의 안락하고 안전한 여행을 보장하기 위해 실시한다.

2. 기내방송은 비정상 상황이 발생했을 시 효과적인 정보전달 수단으로 활용하며, 상황과 여건에 따라 신속한 상황 판단 및 대처능력을 발휘하여 정확하고 적절한 방송을 실시함으로써, 승객의 불안감 해소 및 항공기 비정상 상황에 대해 승객이 알고자 하는 요구를 해소시킨다.

제2절 기내방송의 책임

1. 승무원의 기내방송과 관련한 원칙적인 책임은 객실사무장에게 있으며, 방송 Duty를 지정 받은 객실승무원은 2차적인 책임을 지닌다.

2. 객실사무장은 해당 편 여승무원 중 방송자격 보유승무원에게 방송 Duty를 부여하여 일반적인 방송을 전담케 한다. 방송자격이 2인 이상일 경우에는 방송자격 보유자 중 자격이 가장 높은 승무원, 선임 승무원 순으로 담당하도록 한다.

3. 객실사무장은 Demo 및 IRRE, Miscellaneous 방송을 담당하며, 비정상 상황이 발생했을 시 즉각적이고 적절한 방송을 하여 승객의 불안감과 궁금증 해소를 위해 최선의 노력을 하여야 한다.

4. 객실승무원은 방송 능력 향상을 위해 꾸준히 노력해야 하며 평소 올바른 마이크 사용법을 숙지하고 있어야 한다.

제3절 기내방송의 절차

1. 객실승무원은 방송 원칙, 방송 절차 및 방송 문안에 의거하여 방송을 실시해야 하며, 필요한 경우 방송 문안을 기본으로 활용, 적절한 방송을 실시해야 한다. 그러나 너무 장황한 느낌을 주거나 예의에 어긋난 어휘의 선택, 문맥에 맞지 않는 어색한 문구는 피해야 한다.

2. 비정상 상황의 발생으로 임의로 방송문을 작성, 실시했을 경우에는 비행 종료 후 회사에 보고해야 한다.

3. 운항, 정비 관련 사항 및 주요 지역 통과 안내 방송은 기장이 실시함을 원칙으로 하나, 필요 시 기장 위임에 의해 객실사무장이 실시하기도 한다. 이 경우 객실사무장은 기장으로부터 정확한 기술 용어를 전달 받아 방송을 실시하고 있다.

제4절 출발 지연 안내방송

1. 출발 지연 안내방송은 STD 5분 경과 후에 최초로 실시하고, 이후 매 10분 간격으로 실시함을 원칙으로 한다.

제5절 노선별 기내방송 언어 및 순서

1. 방송언어는 기본적으로 노선에 따라 2~3개 언어를 실시한다. 단, 필요에 따라 4개 언어를 실시할 수 있다.

2. 국내선에서는 '한국어-영어' 순으로 실시하며, 국제선에서는 '한국어-영어-현지어(또는 지정 외국어)' 순으로 실시함을 원칙으로 한다. 그러나 내국인으로 구성된 Charter Flight에서는 국내선, 국제선 한국어 방송만 실시한다.

3. 한일노선 및 한중노선에서는 승객 분포를 고려하여 한국어-현지어-영어 순으로 실시한다.

4. 노선별로 지정된 실시 언어가 아니더라도 일본인 탑승객 점유비율(전체 승객의 5% 이상)에 따라 객실사무장이 판단하여 일어 방송을 실시할 수 있다.

5. 비정상 상황 발생으로 방송문을 임의로 작성하여 실시할 경우, R/S 탑승 시에는 사전에 R/S에게 내용을 알려주어 현지어방송을 실시한다.

6. 노선별 기내방송 언어 순서

노선	방송언어 순서
한일노선	한국어-일본어-영어
한중노선	한국어-중국어-영어-(일본어)
동남아 노선	한국어-영어-(현지어)
대양주 노선	한국어-영어-(일본어 또는 중국어)
구주노선	한국어-영어-(현지어)
중동노선	한국어-영어-(일본어)
미주노선	한국어-영어-(일본어 또는 중국어)
국내선	한국어-영어

■ 현지어 및 지정 외국어(일본어, 중국어)는 아래 우선순위에 의거 실시한다.

1-1 현지 여승무원

1-2 해당 언어 방송자격 보유자

1-3 PRAM(Pre-Recorded Announcement Module)

제6절 현지 여승무원 방송 실시 지침

1. 현지 여승무원은 비행 중 Home Crew에 의해 실시되는 모든 방송을 자국어로 실시해야 하며, 객실사무장은 객실 브리핑 중 관련 내용을 해당 승무원에게 알려주어야 한다.

2. 현지 여승무원은 반드시 'In-Flight Announcements Manual'에 의거하여 방송을 실시해야 하며, 임의로 방송문 변경을 해서는 안 된다.

제2장

국내선 기내방송

2 국내선 기내방송

제1절 Preparation for Departure

■ **항공기 출발 5분전**

손님 여러분,

___까지 가는 ___항공 ___편, (잠시 후/약 ___분 후)에 출발하겠습니다.

갖고 계신 짐은 앞 좌석 아래나 선반 속에 보관해 주시고, 지정된 자리에 앉아 좌석벨트를 매 주시기 바랍니다.

감사합니다.

유의할 단어

- 좌석 [좌:석] ○ [자석] ×
- 선반 [선반] ○ [선방] ×
- 보관 [보:관] ○ [보간] ×
- 좌석벨트 [좌:석벨트] ○ [자석벨트] ×

Ladies and Gentleman,

This is _____ Air flight ____bound for ____.

We are now just(a few/____)minutes away from an on time departure.

Please make sure that your carry-on items are stored in the overhead bins or under the seat in front of you.

Also, please take your assigned seat and fasten your seat belt.

Thank you.

유의할 단어

- carry-on 휴대용 가방 [kæri-a:n]
- overhead bins 짐넣는 곳 [oʊvərhed bàin]
- under 아래에 [ʌndə(r)]
- front 앞쪽 [frʌnt]
- please 부디, 제발(요청을 강하게 할 때) [pli:z]
- seat 좌석 [si:t]
- assigned 할당된 [əsaɪn]
- fasten 고정시키다 [fæsn]

제2절 Welcome

선택

- 소중한 여행을 저희 ___항공과 함께 해 주신 고객 여러분, 안녕하십니까.(인사) 저희 ___항공은/ 여러분의 탑승을 진심으로 환영합니다.

- 손님 여러분, 안녕하십니까.
  오늘도 변함없이/ 저희 ___항공을 이용해 주신 여러분께/ 깊은 감사를 드립니다.

이 비행기는 ___까지 가는 ___항공 ___편입니다.

〈공동운항〉

(~이며)(항공사명)과 공동운항하고 있습니다.

〈10분 이상 지연〉

오늘(****)(으)로 인해 출발이 예정보다 늦어졌습니다.
손님 여러분의 양해를 바랍니다.

목적지인 ___까지 예정된 비행시간은 이륙 후 ___시간 ___분입니다.
오늘 (성명)기장을 비롯한 저희 승무원들은/ 여러분을 ___까지 정성껏 모시겠습니다.

〈SEL, CJU, USN, RSU, YNY 제외〉
손님 여러분, 이곳은 군사공항으로 사진 촬영을 금지하고 있으니, 협조해 주십시오.

도움이 필요하시면 언제든지 저희 승무원을 불러 주십시오.
계속해서 기내 안전에 관해 안내해 드리겠습니다.
잠시(화면/승무원)을 주목해 주시기 바랍니다.

유의할 단어

- 탑승 [탑씅] ○ [탐승] ×
- 운항 [운:항] ○ [우낭] ×
- 예정 [예:정] ○ [애정] ×
- 촬영 [촬영] ○ [찰영] ×
- 안전 [안전] ○ [안정] ×
- 정성껏 [정성껃] ○ [정선껏] ×
- 공항 [공항] ○ [공안] ×
- 협조 [협쪼] ○ [혐조] ×
- 계속 [계:속, 게:속] ○ [개속] ×
- 잠시 [잠:시] ○ [장시] ×
- 화면 [화:면] ○ [하면] ×
- 주목 [주:목] ○ [주먹] ×

Good morning(afternoon/evening), ladies and gentlemen

This is flight ____, bound for ____.

선택

- Captain(Family Name) and the entire crew/would like to welcome you onboard ____ Air, a Sky Team(Star alliance) member.

- Captain(Family Name) and all of our crew members/ are pleased to welcome you onboard ____ Air, a member of Sky Team(Star) alliance.

〈10분 이상 지연〉

Today, we are delayed due to (****).

We thank you for your patience and understanding.

〈공동운항〉

code-sharing with (airline).

Our flight time today will be ____hour(s) and ____minute(s).

〈SEL, CJU, USN, RSU, YNY 제외〉

As the airport is used by the military, taking pictures of this airport is not permitted.

During the flight, our cabin crew will be happy to serve you/ in any way we can. We wish you an enjoyable flight.

And please direct your attention for a few minutes/ to(the video screens/cabin crew) for safety information.

유의할 단어

- entire 전체 [ɪntaɪə(r)]
- onboard 탑승한 [onbɔːrd]
- member 구성원 [membə(r)]
- alliance 동맹단체, 연합 [əlaɪəns]
- delayed 지연 [dɪleɪd]
- patience 인내심 [peɪʃns]
- understanding 이해 [ʌndərstændɪŋ]
- flight 항공편 [flaɪt]
- airport 공항 [erpɔːrt]
- military 군사의 [mɪləteri]
- permitted 허용하다 [pərmɪtid]
- enjoyable 즐거운 [ɪndʒɔɪəbl]
- direct 직접적인, 방향 [dərekt, dɪrekt, daɪrekt]
- safety 안전 [seɪfti]
- information 정보 [ɪnfərmeɪʃn]

※ Delay 시 참고 예문(당사 귀책 사유가 아닌 경우)

① 날씨가 좋지 않은(bad weather)

② 기상 조건(weather conditions)

③ ____공항의 짙은 안개(dense fog at ____ airport)

④ 활주로의 제설작업(snow being removed from the runway)

⑤ 공항의 혼잡(the congestion of ____ airport)

※ 상황별 인사

① 수학(졸업) 여행단이 탑승한 경우

〈출발시〉

소중한 여행을 저희 ____항공과 함께 해 주신 고객 여러분, 안녕하십니까.(인사)

그리고 (학교명) 학교 학생 여러분/ (학교명) 초등학교 어린이 여러분 탑승을 진심으로 환영하며/ 보람있는 여정을 되시기 바랍니다.

이 비행기는 ____까지 가는 ____항공 ____편입니다. ~ (이하 동일)

〈귀로시〉

소중한 여행을 저희 ____항공과 함께 해 주신 고객 여러분, 안녕하십니까.(인사)

그리고 (학교명) 학교 학생 여러분/ (학교명) 초등학교 어린이 여러분 수학(졸업)여행은 즐거우셨습니까.

항상 건강하고 아름다운 학창시절을 보내시기 바랍니다.

이 비행기는 ____까지 가는 ____항공 ____편입니다. ~ (이하 동일)

② 단체여행객이 탑승한 경우

〈출발시〉

소중한 여행을 저희 ___항공과 함께 해 주신 고객 여러분, 안녕하십니까.(인사)

그리고 오늘 이 비행기에 탑승하신 (단체명) 여러분/ 탑승을 진심으로 환영하며, 즐겁고 보람있는 여정을 보내시기 바랍니다.

이 비행기는 ___까지 가는 ___항공 ___편입니다. ~ (이하 동일)

〈귀로시〉

소중한 여행을 저희 ___항공과 함께 해 주신 고객 여러분, 안녕하십니까.(인사)

그리고 오늘 이 비행기에 탑승하신 (단체명) 여러분/ 다시 뵙게 되어 대단히 반갑습니다.

이 비행기는 ___까지 가는 ___항공 ___편입니다. ~ (이하 동일)

③ 신혼여행객이 탑승한 경우(신혼여행 출발하는 경우)

소중한 여행을 저희 ___항공과 함께 해 주신 고객 여러분, 안녕하십니까.(인사)

그리고 오늘 이 비행기에 탑승하신 신혼부부 여러분/ 새로운 출발을 축하드립니다. 아름다움과 즐거움이 가득한 신혼여행을 즐기시기 바랍니다.

이 비행기는 ___까지 가는 ___항공 ___편입니다. ~ (이하 동일)

제3절 Safety Demonstration

지금부터 비상구 위치와 비상장비 사용법에 대해 안내해 드리겠습니다. 잠시 주목해 주시기 바랍니다.
이 비행기의 비상구는 모두 ___개로 좌우에 각각 있습니다.
만일의 경우에 대비하여 여러분의 좌석에서 가장 가까운 비상구 위치를 확인하시길 바랍니다.
비상 시 비행기의 전원이 꺼질 경우 통로의 유도등이 자동으로 켜지며 이 유도등은 비상구까지 여러분을 안내할 것입니다.
좌석벨트 사인이 꺼지면 반드시 좌석벨트를 매 주십시오.
벨트는 버클을 끼워 허리 아래로 내려서 조여주시고 풀 때는 덮개를 들어 올리시며 됩니다.
산소마스크는 선반 속에 있으며 산소 공급이 필요한 비상 시에 저절로 내려옵니다.
마스크가 내려오면 앞으로 잡아 당겨 코와 입을 대시고 끈으로 머리에 고정하여 주십시오.
여러분의 좌석 아래에 있는 구명복은 비행기가 바다에 내렸을 경우 사용하시게 됩니다.
착용하실 때에는 머리 위에서부터 입으시고 양팔을 끼운 다음 끈을 아래로 당기시면 됩니다. 노란색 손잡이를 양 옆으로 잡아당겨 몸에 맞도록 조절해 주십시오.
구명복은 기내에서 부풀지 않도록 유의해 주시고 부풀릴 때는 탈출 직전 비상구 앞에서 붉은색 손잡이를 당기시면 됩니다.
충분히 부풀지 않을 때에는 양쪽의 고무관을 힘껏 불어 주십시오.
보다 자세한 내용은 앞좌석 주머니에 있는 안내문을 참고하시길 바랍니다.
여러분의 적극적인 협조를 부탁드립니다.

유의할 단어

- 비상구 [비:상구] ○ [비산구] ×
- 사용법 [사:용뻡] ○ [사욘법] ×
- 주목 [주:목] ○ [주먹] ×
- 좌석 [좌:석] ○ [자석] ×
- 통로 [통노] ○ [톤로] ×
- 덮개 [덥깨] ○ [덥개] ×
- 좌석벨트 [좌:석벨트] ○ [자석벨트] ×
- 손잡이 [손자비] ○ [손잽이] ×

Ladies & Gentlemen,

Have you seen this safety instruction card.

It is in the pocket of the seat in front of you. Please read it.

It shows you the equipment carried on this aircraft for your safety.

A life jacket is in the pocket under your seat.

To put it in, place it over your head.

clip on the waistband and pull it tight.

Half inflate while you are still inside the aircraft by pulling one tap.

Complete inflation when you are clear of the aircraft by life raft the other tap.

Special equipment is carried for young children.

If necessary a member of your crew will bring it to you.

An evacuation slide and life raft is at each door.

Your crew will direct you to your door.

Additional emergency exits are shown on the leaflet.

If an oxygen mask like this appears in front of you, pull the mask down towards your face the mask over mouth and nose If you are traveling with a child, attend to yourself first, then the child.

Breathe normally, adjust the headband.

Smoking is not allowed in the toilets or non smoking areas at any time.

Check that your seat back is upright, your seat belt fastened and the seat tray folded away.

In the unlikely event of an emergency follow the instructions of your crew, They know what to do.

유의할 단어

- safety 안전 [seɪfti]
- instruction 설명 [ɪnstrʌkʃn]
- pocket 주머니 [pɑ:kɪt]
- equipment 장비 [ɪkwɪpmənt]
- inflate 부풀리다 [ɪnfleɪt]
- waistband 허리밴드 [weɪstbænd]
- oxygen mask 산소마스크 [ɑ:ksɪdʒənmɑ:sk]
- towards 쪽으로 [tɔ:rdz]
- toilets 화장실 [tɔɪləts]
- folded 접다 [foʊldid]

제4절 Seat Belt Sign Off

손님 여러분,
방금 좌석벨트 사인이 꺼졌습니다.
그러나 비행 중에는 기류변화로 비행기가 갑자기 흔들리는 경우가 있습니다.
안전한 비행을 위해/ 자리에 앉아 계실 때나 주무시는 동안에는 / 항상 좌석벨트를 매고 계시기 바랍니다.
그리고 선반을 여실 때는 안에 있는 물건이 떨어지지 않도록 조심해 주십시오.
좌석 앞 주머니 속의 기내지인 Morning Calm을 참고하시면/ 비행 중 사용할 수 있는 전자제품, 스카이 패스 등에 대한 자세한 비행 정보를 얻으실 수 있습니다.
감사합니다.

유의할 단어

- 방금 [방금] ○ [반금] ×
- 좌석벨트 [좌:석벨트] ○ [자석벨트] ×
- 기류변화 [기류변:화] ○ [기루변하] ×
- 선반 [선반] ○ [선방] ×
- 조심 [조:심] ○ [죠심] ×
- 전자제품 [전:자제:품] ○ [전자제풍] ×

Ladies and gentlemen,

The captain has turned off the seat belt sign.

In case of any unexpected turbulence, we strongly recommend you/ keep your seat belt fastened/ at all times while seated.

Please use caution when opening the overhead bins/ as the contents may fall out.

For more information about service available on this flight,

please refer to the Morning Calm magazine in your seat pocket.

유의할 단어

- captain 기장 [kæptɪn]
- turned off 끄다 [tə́:rndɔ́:f]
- unexpected 예상 밖의 [ʌnɪkˈspektɪd]
- turbulence 난기류 [t:rbjələns]
- strongly 강하게 [strɔ́:ŋli, strάŋli]
- contents 내용물 [kɑ:ntent]
- fall 떨어지다 [fɔ:l]
- available 시간이 있는 [əveɪləbl
- refer 참고하게하다 [rifə́:r]
- pocket 주머니 [pɑ:kɪt]

제5절 Turbulence

손님 여러분,

a. 비행기가 흔들리고 있습니다.

b. 기류가 불안정합니다.

좌석벨트를 매 주시기 바랍니다.

유의할 단어

- 기류 [기류] ○ [기루] ×
- 불안정 [불안정] ○ [부란정] ×
- 좌석벨트 [좌:석벨트] ○ [자석벨트] ×

Ladies and gentlemen,

Due to turbulence, please return to your seat and fasten your seatbelt.

유의할 단어

-turbulence 난기류 [t:rbjələns]

-return 돌아오다 [rɪt3:rn]

-fasten 고정시키다 [fæsn]

-seatbelt 안전벨트 [si:tbelt]

제6절 Approaching

■ 20,000FT Signal 후

손님 여러분,
우리 비행기는 약 ___분 후에 ___공항에 도착하겠습니다.
꺼내 놓은 짐들은 앞 좌석 아래나 선반 속에 다시 보관해 주십시오.
감사합니다.

유의할 단어

- 공항 [공항] ○ [공안] ×
- 도착 [도:착] ○ [도촥] ×
- 좌석 [좌:석] ○ [자석] ×
- 선반 [선반] ○ [선방] ×
- 보관 [보:관] ○ [보간] ×

Ladies and gentlemen,
We are approaching ___airport.
At this time, we ask you to please store your carry-on item/ in the overhead bins or under the seat in front of you.
Thank you for your cooperation.

유의할 단어

- approaching 다가오다 [əproʊtʃ ŋ]
- store 저장, 보관 [stɔː(r)]
- carry-on 휴대용 가방 [kæri-aːn]
- overhead bins 짐넣는 곳 [oʊvərhed bàin]
- under 아래에 [ʌndə(r)]
- front 앞쪽 [frʌnt]
- cooperation 협력 [koʊɑːpəreɪʃn]

제7절 Landing

■ 10,000FT Signal 후

손님 여러분,
우리 비행기는 곧 착륙하겠습니다.
좌석 등받이와 (발 받침대,) 테이블을 제자리로 해 주시고, 좌석벨트를 매 주십시오.
그리고 착륙 중 창문 덮개는 열어 두시기 바라며, 지금부터는 전자기기를 사용하실 수 없으니/ 전원을 꺼 주시기 바랍니다.
감사합니다.

유의할 단어

- 착륙 [착륙] ○ [창늑] ×
- 좌석 [좌:석] ○ [자석] ×
- 등받이 [등바지] ○ [등밫이] ×
- 창문 [창문] ○ [착문] ×
- 덮개 [덥깨] ○ [덥개] ×
- 전자기기 [전:자기기] ○ [젼자기기] ×
- 전원 [전원] ○ [젼원] ×

Ladies and gentlemen,

We will be landing shortly.

In preparation for landing, please fasten your seat belt, return your seat and tray table to the upright position, and open your window shade.

Also please discontinue the use of electronic devices until the aircraft has been parked at the gate.

Thank you.

유의할 단어

- landing 착륙 [lændɪŋ]
- shortly 곧 [ʃɔ:rtli]
- preparation 준비 [prepəreɪʃn]
- tray 쟁반 [treɪ]
- table 식탁, 테이블 [teɪbl]

- upright 똑바른 [ʌpraɪt]
- shade 음영 [ʃeɪd]
- discontinue 중단하다 [dɪskəntɪnju:]
- electronic 전자의 [ɪlektrɑ:nɪk]
- devices 장치 [dɪvaɪs]
- aircraft 항공기 [erkræft]

제8절 Farewell

손님 여러분,
우리 비행기는 (도시별 문안인사)에 도착했습니다.

〈15분 이상 지연〉
(****)관계로 도착이 예정보다 늦어진 점, 양해해 주시기 바랍니다.

〈ICN 도착편〉
(출발지 공항: 김해/제주/대구)공항에서 국제선 연결 수속을 모두 마치신 손님 여러분께서는 출국장 탑승구로 바로 가시기 바랍니다.
그러나 국제선 연결편의 탑승 수속을 마치지 못한 손님께서는 3층에 위치하고 있는 해당 항공사 카운터에서 탑승 수속 후 출국하시기 바랍니다.

선택

- 오늘도 여러분의 소중한 여행을/ 스카이팀(스타얼라이언스) 회원사인 ___항공과 함께 해 주셔서 대단히 감사합니다.
  저희 승무원들은/ 앞으로도 한 분 한 분 특별히 모시는 마음으로/ 고객 여러분과 늘 함께 할 것을 약속드립니다.
- 스카이팀(스타얼라이언스) 회원사인 저희 ___항공은 고객 여러분의 사랑에 감사드리며, 앞으로도 계속 노력하는 모습으로/ 늘 여러분과 함께 하겠습니다.
- 오늘도 스카이팀(스타얼라이언스) 화원사인 저희 ___항공을 이용해 주셔서 대단히 감사합니다.
  저희 승무원을 비롯한 모든 직원들은 앞으로도 손님 여러분의 여행이 항상 안전하고 편안할 수 있도록/ 최선을 다하겠습니다.
- 스카이팀(스타얼라이언스) 회원사인 ___항공과 늘 함께 해주시는 손님 여러분께 깊은 감사를 드립니다.
  저희 승무원들은/ 여러분의 변함없는 사랑에 보답하는 마음으로/ 한결같이 정성을 다하겠습니다.

감사합니다. 안녕히 가십시오.

유의할 단어

- 도착 [도:착] ○ [도촥] ×
- 관계 [관계, 관게] ○ [간게] ×
- 탑승구 [탑씅구] ○ [탑슨구] ×
- 대단히 [대:단히] ○ [대단이] ×
- 최선 [최:선/췌:선] ○ [채선] ×
- 보답 [보:답] ○ [보닥] ×
- 한결같이 [한결가치] ○ [항결가치] ×

Ladies and gentlemen,

We have landed at (공항명)(international) airport.

〈15분 이상 지연〉

Today we are delayed due to (****).

we appreciate your patience and kind understanding.

〈ICN 도착편〉

Passengers who have completed check-in through to their international flight, please proceed to the departure gate.

However, passenger flight who have not completed check-in for international flight, please proceed to the applicable airline check-in counter on the 3rd floor.

Thank you for choosing ____Air, a member of the SkyTeam alliance(Star alliance) and we hope to see you again soon on your next flight.

감사합니다.

유의할 단어

- landed 착륙한 [lændɪd]
- international 국제 [ɪntənæʃnəl]
- appreciate 고마워하다 [əpri:ʃieɪt]
- completed 작성한 [kəmpli:t]
- proceed 진행하다 [proʊsi:d]
- departure 출발, 떠남 [dɪpɑ:rtʃə(r)]
- passenger 승객 [pæsɪndʒə(r)]
- applicable 해당(적용)되는 [əplɪkəbl;æplɪkəbl]
- choosing 선택, 선정 [tʃu:zɪŋ]
- alliance 동맹, 연합 [əlaɪəns]

※ 도시별 문안 인사

광주	빛고을 예향, 광주
	문화 예술의 메카, 광주
	남도 문화의 중심도시, 광주
	남도 판소리의 메카, 광주
군산	서해안시대의 중심 도시, 군산
대구	섬유 패션의 도시, 대구
	도심 속 숲의 도시, 대구
부산	아시아 영상문화의 중심 도시, 부산
	동북아 해상교역의 중심도시, 부산
	우리나라 최대의 항만도시, 부산

양양	상쾌한 아침을 여는 일출의 고장, 양양
	송어와 연어 축제의 고향, 양양
여수/순천	해양 관광 조시, 여수/순천
	동백꽃이 아름다운 다도해의 중심, 여수/순천
	다도해의 진주, 여수/순천
울산	역동의 산업 도시, 푸른 울산
	친환경 생태 도시, 울산
원주	치악산의 정기가 서려있는 도시, 원주
제주	세계의 자연 유산, 제주
	태고의 신비가 가득한 섬, 제주
	평화와 번영의 국제자유도시, 제주
진주/사천	발전하는 천년 고도, 진주/사천
	충절의 고장, 진주/사천
	가야왕국의 천년 고도, 진주/사천
청주	교육의 도시, 청주
	청정 문화 도시, 청주
	세계 최고의 금속 활자본 직지의 발상지, 청주
포항	제철산업의 중심도시, 포항
	처만 과학산업의 도시, 포항
서울	서울 김포국제공항
인천	인천국제공항

제3장

국제선 기내방송

IN-FLIGHT ANNOUNCEMENT

3 국제선 기내방송

제1절 Baggage

■ **출발 15분 전**

선택

- ___까지 가는 저희 ___항공 ___편을 이용해 주셔서 감사합니다.
- ___까지 가는 저희 ___항공 ___편에 탑승하신 것을 환영합니다.

안전한 여행을 위해, 가지고 계신 짐은 앞 좌석 아래나 선반 속에 보관해 주시기 바랍니다. 감사합니다.

유의할 단어

- 환영 [환영] ○ [화녕] ×
- 좌석 [좌:석] ○ [자석] ×
- 선반 [선반] ○ [선방] ×
- 보관 [보:관] ○ [보간] ×

Ladies and gentlemen,

선택

- Welcome aboard ____ Air flight ____bound for ____.
- Thank you for flying with us today.
  This is ____ Air____bound for ____.

For your safety, please place your carry-on items in the overhead bins or under the seat in front of you. Thank you.

유의할 단어

- welcome 환영하다 [welkəm]
- aboard 탑승 [əbɔ:rd]
- flying 비행 [flaɪɪ ŋ]
- carry-on 휴대용 가방 [kæri-a:n]

- overhead bins 짐넣는 곳 [oʊvərhed bàin]
- under 아래에 [ʌndə(r)]
- seat 좌석 [si:t]
- front 앞쪽 [frʌnt]

みなさま おはようございます. (こんにちは, こんばんは)
きょうもすかいち-むめんば-の
こりあんえあ-ごりようくださいまして/
まことに ありがとうごぢいます.
とうきは, (　　)びん (　　)ゆきでございます.
おてにもつは, うえのたな/またはおざせきのしたにおいねくださいませ.

제2절 Preparation for Departure

■ **출발 5분 전**

손님 여러분,

___까지 가는 ___항공 ___편, (잠시 후/ 약___분 후)에 출발하겠습니다.

가지고 계신 짐은 앞 좌석 아래나 선반 속에 보관해 주시고, 지정된 자리에 앉아 좌석벨트를 매 주시기 바랍니다. 감사합니다.

유의할 단어

- 좌석 [좌:석] ○ [자석] ×
- 선반 [선반] ○ [선방] ×
- 보관 [보:관] ○ [보간] ×
- 지정된 [지정뒌] ○ [지정댄] ×
- 좌석벨트 [좌:석벨트] ○ [자석벨트] ×

Ladies and gentlemen,

This is ____Air flight ____bound for ____.

We are now just (a few/____)minutes aways from an on time departure.

Please make sure that your carry-on items are stored/ in the overhead bins or under the seat in front of you.

Also, please take your assigned seat and fasten your seat belt.

Thank you.

유의할 단어

- minutes (시간단위의) 분 [maɪnju:t;]
- aways 떨어져 [əweɪs]
- departure 떠남 [dɪpɑ:rtʃə(r)]
- carry-on 휴대용 가방 [kæri-a:n]
- stored 저장된 [stɔ:(r)d]
- overhead bins 짐넣는 곳 [oʊvərhed bàin]

- seat 좌석 [si:t]
- under 아래에 [ʌndə(r)]
- front 앞쪽 [frʌnt]
- assigned 할당된 [əsaɪnd]
- fasten 매다 [fæsn]

제3절 Welcome

손님 여러분,

선택

- 소중한 여행을 저희 ___항공과 함께 해 주신 고객 여러분, 안녕하십니까(인사). 스카이팀(스타얼라이언스) 회원사인 저희 ___항공은/ 여러분의 탑승을 진심으로 환영합니다.
- 손님 여러분, 안녕하십니까.(인사) 오늘도 변함없이/ 스카이팀(스타얼라이언스) 회원사인 저희 ___항공을 이용해 주신 여러분께/ 깊은 감사를 드립니다.

이 비행기는 ___까지 가는/ ___항공 ___편입니다.

〈공동운항〉

(~이며)(항공사명)과 공동 운항하고 있습니다.

〈10분 이상 지연〉

오늘 ****(으)로 인해 출발이 예정보다 늦어졌습니다.

손님 여러분의 양해를 바랍니다.

목적지(중간도착지)인 ___까지의 비행시간은/ 이륙 후 ___시간___분입니다.

오늘 (성명) 기장 (그리고 ( )어가 가능한 외국인 승무원)을 비롯한 저희 승무원들은/ 여러분을 ___까지 정성껏 모시겠습니다.

도움이 필요하시면 언제든지/ 저희 승무원을 불러주십시오.

계속해서 기내 안전에 관해 안내해 드리겠습니다.

잠시 화면(승무원)을 주목해 주시기 바랍니다.

유의할 단어

- 탑승 [탑씅] ○ [탁승] ×
- 변함없이 [변:하멉씨] ○ [변함업시] ×
- 감사 [감:사] ○ [감싸] ×
- 운항 [운:항] ○ [우낭] ×
- 예정 [예:정] ○ [애정] ×
- 이륙 [이:륙] ○ [이뉵] ×
- 정성껏 [정성껃] ○ [정선껏] ×

- 계속 [계:속, 게:속] ○ [개속] ×
- 안전 [안전] ○ [인정] ×
- 잠시 [잠:시] ○ [장시] ×
- 화면 [화:면] ○ [하면] ×
- 주목 [주:목] ○ [주먹] ×

Good morning(afternoon/evening), ladies and gentlemen

선택

- Captain (Family Name) and the entire crew/ would like to welcome you onboard ____Air, a SkyTeam(Star) member.
- Captain (Family Name) and all of our crew member/ are pleased to welcome you onboard ____Air, a member of SkyTeam(Star) alliance.

This is flight ____, bound for ____(via).

〈10분 이상 지연〉

Today, we are delayed due to (****).

We thank you for your patience and understanding.

〈공동운항〉

code-sharing with (Airline).

Our flight time will be ____hour(s) and ____minute(s) after take-off.
During the flight, our cabin crew will be happy to serve you/ in any way we can.

〈R/S Joining〉

We have(Region) based crew onboard/ to further assist you in (Language)

We wish you an enjoyable flight.
And please direct your attention for a few minutes/ to(the video screens/cabin crew) for safety information.

유의할 단어

- entire 전체 [ɪntaɪə(r)]
- onboard 탑승한 [onbɔːrd]
- member 구성원 [membə(r)]
- alliance 동맹단체, 연합 [əlaɪəns]
- delayed 지연 [dɪleɪd]
- patience 인내심 [peɪʃns]
- understanding 이해 [ʌndərstændɪŋ]
- flight 항공편 [flaɪt]
- airport 공항 [erpɔːrt]

- military 군사의 [mɪləteri]
- permitted 허용하다 [pərmɪtid]
- enjoyable 즐거운 [ɪndʒɔɪəbl]
- direct 직접적인, 방향 [dərekt, dɪrekt, daɪrekt]
- safety 안전 [seɪfti]
- information 정보 [ɪnfərmeɪʃn]

みなさま、おはようございます.（こんにちは，こんばんは）
ほんじつもすかいち-むえんぱ-こりあんえあーを
ごりよういただきまして、
まことにありがとうございます。
みなさまごとうじょうをこころよりかんげいいたします。

〈공동운항〉

このびんは　こりあんえあ-と__________がきょうどうでらんこらしております。

〈10분 이상 지연〉

ほんじつは　しゅっぱつが　おくれましたことを
おわびもうしあげます。

(　　　) までのひこうじかんは （　　） じかん
(　　　) 分をよていしております。
ほんじつは、きちょう （　　） をはじめ、わたくしどもじょうむいん
みなさまを　（　　） までごあんないいたします。

〈일본 R/S〉
また、日本人乗務員は, (　)がいたしておりまっす。

ごようのさいは　わたくしどもにえんりょなくおしらせくださいませ。
なお　まもなく　あんぜんなかんすろびでおをじょうえいたします。
まえのすくりーんをごらんくださいませ。

※ Delay 시 참고 예문(당사 귀책 사유가 아닌 경우)

① 날씨가 좋지 않은(bad weather/おくてんこため)
② 기상 조건(weather conditions/てんこう　かんけいで)
③ ____공항의 짙은 안개(dense fog at ____ airport/この　くうこうの　こいきりのため)
④ 활주로의 제설작업(snow being removed from the runway/かっそうろの　じょせつ　のため)
⑤ 출국장의 혼잡으로(congestion of the immigration area/くうこうたーみたろのこんざつのため)

제4절 Seat Belt Sign Off

■ Seat Belt Sign Off 직후

손님 여러분, 방금 좌석벨트 표시등이 꺼졌습니다.
그러나 비행 중에는 기류 변화로 비행기가 갑자기 흔들리는 경우가 있습니다.
안전한 비행을 위해, 자리에 앉아 계실 때나 주무시는 동안에는/ 항상 좌석벨트를 매고 계시기 바랍니다.
그리고 선반을 여실 때는 안에 있는 물건이 떨어지지 않도록 조심해 주십시오.
좌석 앞 주머니 속의 기내지 Morning Calm을 참고하시면, 비행 중 사용할 수 있는 전자제품, 스카이 패스 등에 대한/ 자세한 비행 정보를 얻으실 수 있습니다.

〈AVOD 장착 기종〉
또한 여러분의 건강하고 쾌적한 여행을 위해/ 기내체조 비디오가 준비되어 있습니다.
모니터의 메뉴 중 ___항공정보를 선택하시면/ 비행 중 언제든지 보실 수 있습니다.

유의할 단어

- 방금 [방금] ○ [반금] ×
- 좌석벨트 [좌:석벨트] ○ [자석벨트] ×
- 기류변화 [기류변:화] ○ [기루변하] ×
- 선반 [선반] ○ [선방] ×
- 조심 [조:심] ○ [죠심] ×
- 전자제품 [전:자제:품] ○ [전자제풍] ×
- 항공정보 [항:공정보] ○ [항공전보] ×
- 선택 [선:택] ○ [성택] ×

Ladies and gentlemen,

The captain has turned off the seat belt sign.

In case of any unexpected turbulence, we strongly recommend you/ keep your seat belt fastened/ at all times while seated. Please use caution when opening the overhead bins/ as the contents may fall out.

〈AVOD 장착 기종〉

For your comfort, ____Air now presents a stretching video available/ on our in-flight entertainment system.

To view, please select ____Air information from the main menu.

For more information about services available on this flight,
please refer to the Morning Calm magazine in your seat pocket.

유의할 단어

- captain 기장 [kæptɪn]
- turned off 끄다 [tə́:rndɔ́:f]
- unexpected 예상 밖의 [ʌnɪkspektɪd]
- turbulence 난기류 [t:rbjələns]
- strongly 강하게 [strɔ́: ŋ li,strɑ́ ŋ li]
- caution 조심 [kɔ:ʃn]
- contents 내용물 [kɑ:ntent]
- fall 떨어지다 [fɔ:l]
- available 시간이 있는 [əveɪləbl]
- entertainment 오락 [entərteɪnmənt]
- select 선택하다 [sɪlekt]
- refer 참고하게 하다 [rifə́:r]
- magazine 잡지 [mægəzi:n]
- pocket 주머니 [pɑ:kɪt]

ごあんないいたします。
ただいま、しーとべろと　ちゃくようのさいんがきえましたが、
きゅうな　きりゅうのへんかにより　きたいがゆれろことがございます。
おざせきにおつきのあいだ、またおやすみさいには

しーとべろとを　おしめおきくださいませ。
またうえのたなをおあけになろさいには、
にもつが　すべりでろことがございます。じゅうぶん　ごちゅういください。

〈AVOD 장착 기종〉
みなさまに　かいてきなそらのたびをおたのしみいただけますよう、
きないすとれっちんぐのびでおを　ごよういいたしております。
おてもともにたーのいんふおめーしょんのすかいちーむにて
ひこうちゅういつでもごらんになれます。
くれしいことは、おてもとのきないしをごらんくださいませ。

제5절 Entry Documents

■ 입국서류 배포 시

손님 여러분,
지금부터 (국가명) 입국에 필요한 서류를 나누어 드리겠습니다.
오늘은 ___월___일이며, 우리비행기는 KE(OZ)___편입니다.
작성에 궁금한 점이 있는 분께서는 저희 승무원에게 말씀해 주십시오.
정성껏 도와 드리겠습니다.

유의할 단어

- 손님 [손님] ○ [손닝] ×
- 입국 [입꾹] ○ [임꾹] ×
- 말씀 [말씀] ○ [말슴] ×

Ladies and gentlemen,

Our cabin crew will be handing out entry documents for (Country).

Today's date is (Month/Date), and this is ____air flight ____.

Please notify your cabin crew/ if you need any information or assistance.

유의할 단어

- cabin crew 객실승무원 [kæbɪnkru:]
- handing out 배포하다, 나눠주다 [hændɪ ŋ aʊt]
- entry 입국 [entri]
- document 서류 [dɑ:kjumənt]
- notify 알리다 [noʊtɪfaɪ]
- assistance 도움 [əsɪstəns]

제6절 Turbulence

손님 여러분,

a. 비행기가 흔들리고 있습니다.

b. 기류가 불안정합니다.

좌석벨트를 매 주시기 바랍니다.

<서비스 일시 중단>

지금 비행기가 심하게 흔들리고 있어 잠시(식사/음료/기내판매) 서비스를 중단하겠습니다.

기류가 안정되는 대로 서비스를 다시 시작하겠으니 양해해 주시기 바랍니다.

감사합니다.

유의할 단어

- 기류 [기류] ○ [기루] ×
- 불안정 [불안정] ○ [부란정] ×
- 좌석벨트 [좌:석벨트] ○ [자석벨트] ×

Ladies and gentlemen,

Due to (unexpected) turbulence,

please return to your seat and fasten your seatbelt.

〈서비스 일시 중단〉

We must also suspend cabin service until conditions improve.

Thank you for your understanding.

유의할 단어

- turbulence 난기류 [tː rbjələns]
- return 돌아오다 [rɪtɜːrn]
- fasten 고정시키다 [fæsn]
- seatbelt 안전벨트 [siːtbelt]
- suspend 매달다 [səspend]
- conditions 상태 [kəndɪʃn]
- improve 개선되다 [ɪmpruːv]
- understanding 이해 [ʌndərstændɪŋ]

みなさま，ただいま　きりゅうのふあんていところをつらかしております。
しーとべろとを　しっかりとおしめくださいませ。

〈SVC Suspension〉
みなさま，ひこきのゆれのだめ、
きないさーびすをしばら　くちゅうだんさせていただきます。
おそれいりますが、いまばらくおまちくださいませ。

제7절 Movie

■ 야간 비행 시(22:00 이후)

손님 여러분,
잠시 후 영화를 상영하겠습니다.

선택

- 보실 영화의 제목은 ___입니다.
- 첫 번째 영화의 제목은 ___이며, (식사 후에 보실)
  두 번째 영화는 ___입니다.

〈주간비행〉
창문 덮개를 내리면 화면을 더욱 선명하게 보실 수 있습니다.

그리고 비행 중에는 예상치 못한 갑작스런 기류 변화로 비행기가 갑자기 흔들릴 수 있습니다.
손님 여러분의 안전을 위해, 자리에서는 항상 좌석벨트를 매고 계시기 바랍니다.

유의할 단어

- 상영 [상:영] ○ [상연] ×
- 창문 [창문] ○ [착문] ×
- 덮개 [덥깨] ○ [덥개] ×

Ladies and gentlemen,
Our film(s) today is(are)____(and____).
As a courtesy to other passengers, we ask you to please close your window shades, and in case of any unexpected turbulence, please remember to keep your seat belt fastened while seated.

유의할 단어

- film 영화 [fɪlm]
- courtesy 공손함 [kɜːrtəsi]
- remember 기억하다 [rɪmembə(r)]

제8절 Beginning of 2nd Meal SVC

■ 도착 전 식사서비스가 있는 경우

손님 여러분, (편히 쉬셨습니까)
우리 비행기는 앞으로 약___시간 ___분 후에 ___공항에 도착하겠습니다.
지금부터 음료와 간단한 식사(아침식사)를 드리겠습니다.

유의할 단어

- 편히 [편히] ○ [편이] ×
- 음료 [음:뇨] ○ [음요] ×

(Good Morning)Ladies and gentlemen,
We expect to land at ___airport in about ___hour(s) and minute(s).
Our cabin crew will be serving drinks and a light snack(breakfast) in few minute.

유의할 단어

- expect 기대하다 [ɪkspekt]
- serving 제공하다 [s3:rvɪŋ]
- light 가벼운 [láit]

제9절 Headphone Collection

■ 기장 도착 안내방송 직후

안내 말씀 드리겠습니다.
지금부터 헤드폰과 잡지를 걷겠습니다.

선택

- **일반:**
  그리고 사용하신 담요는 기내 비치품입니다.
  승무원이 정리할 수 있도록 좌석 앞 주머니 속에 넣어주시기 바랍니다.

- **T/S 구간:**
  계속해서 ___까지 가시는 손님께서는 헤드폰과 사용하신 담요를 좌석 앞 주머니 속에 보관하시기 바랍니다.

손님 여러분의 협조를 부탁드립니다.

유의할 단어

- 말씀 [말:씀] ○ [말슴] ×
- 헤드폰 [헤드폰] ○ [해더폰] ×
- 잡지 [잡찌] ○ [잠찌] ×
- 정리 [정:니] ○ [전리] ×
- 보관 [보:관] ○ [보간] ×

Ladies and gentlemen,

Our cabin crew will be coming through the cabin to collect your headphones.

선택

- **일반:**

  Also, we ask you to please leave your blanket in your seat pocket.

- **T/S 구간:**

  If you are continuing to ____, please store your headphones and blanket in your seat pocket for use when you return.

Thank you for your cooperation.

유의할 단어

- coming 시작 [kʌmɪŋ]
- through ~통하여 [θru:]
- collect 모으다 [kəlekt]
- headphones 헤드폰 [hedfoʊnz]
- blanket 담요 [blæŋkɪt]
- cooperation 협력 [koʊɑ:pəreɪʃn]

제10절 Arrival Information: General

- 중장거리: CAP'T 도착안내 방송 직후
- 단거리: 도착 20분전
- 입국서류가 없는 STN은 생략

안내말씀 드리겠습니다.

〈General〉
손님 여러분께서는 입국에 필요한 서류를 다 쓰셨는지 확인해 주시기 바랍니다.

〈T/S STNI〉

(도시명)에서 내리실 손님 여러분께서는/ 입국에 필요한 서류를 준비해 주시기 바랍니다.

〈일본, 동남아, 호주, 뉴질랜드 도착편〉

또한 (국가명)에서 생산된 농, 수, 축산물은/ 한국으로의 반입이 엄격히 제한되어 있음을 알려 주립니다.

〈필요한 경우〉

참고로 이곳은 현재 ___월___일이며, 이 비행기는 KE(OZ)___편입니다.

유의할 단어

- 말씀 [말:씀] ○ [말슴] ×
- 입국 [입꾹] ○ [임꾹] ×
- 축산물 [축싼물] ○ [축상물] ×
- 엄격히 [엄껴키] ○ [엉껴키] ×
- 제한 [제:한] ○ [재한] ×
- 현재 [현:재] ○ [형재] ×

Ladies and gentlemen,

For entering (도시명), please have your entry documents ready.

〈필요한 경우〉

For your information, our flight number is KE(OZ)____and today's date is____

(ex: March 15, 2013)

유의할 단어

- entering 입국 [entə(r)ɪŋ]
- entry 입장 [entri]
- documents 서류 [dɑ:kjumənts]
- ready 준비 [redi]
- information 정보 [ɪnfərmeɪʃn]
- number 수, 숫자 [nʌmbə(r)]

10-1 Arrival Information: Korea

안내 말씀 드리겠습니다.

대한민국에 입국하시는 손님 여러분께서는/ 입국에 필요한 휴대품 신고서를 다 쓰셨는지 확인해 주십시오.

그리고 미화 만불 이상, 또는 이에 해당하는 외화를 지니셨거나/ 미화 400불 이상의 물품을 구입하신 분은/ 그 내용을 휴대품 신고서에 반드시 신고해 주시기 바랍니다.

여행자 휴대품은 세금 사후 납부제도를 이용하실 수 있으며, 신고대상 품목을 자진 신고하지 않은 경우/ 가산세가 부담됨을 알려 드립니다.

〈필요한 경우〉

참고로 이곳은 현재 ___월___일이며, 이 비행기는 KE(OZ)___편입니다.

〈Airshow 미상영 기종: ICN 도착편〉

그리고 계속해서 이곳 인천공항에서 출발하는 국내선으로 여행하시는 분은/ 모든 짐을 찾아 세관검사를 마치고/ 3층 국내선 연결 카운터에서 탑승 수속을 하시기 바랍니다.

유의할 단어

- 말씀 [말:씀] ○ [말씀] ×
- 대한민국 [대:한민국] ○ [대한밍국] ×
- 입국 [입꾹] ○ [임꾹] ×
- 신고서 [신고서] ○ [싱고서] ×
- 납부제도 [납뿌제도] ○ [나뿌제도] ×
- 품목 [품:목] ○ [푼목] ×
- 가산세 [가산쎄] ○ [가싼세] ×
- 계속 [계:속, 게:속] ○ [개속] ×
- 세관검사 [세:관검:사] ○ [세간검사] ×
- 탑승 [탑씅] ○ [탑슨] ×

Ladies and gentlemen,

All passengers entering into Korea are requested to have your entry documents ready.

〈필요한 경우〉

For your information, our flight number is KE(OZ)____and today's date is____

(ex: March 15, 2013)

If you are carrying foreign currency more than 10,000US dollars, or if you acquired more than 400 US dollars worth of articles abroad, please declare them on the customs form.

〈Airshow 미상영 기종: ICN 도착편〉

Passengers connecting to domestic flights here in Incheon airport, please proceed to the airline's domestic transfer counter on the 3rd floor/after customs clearance.

And those passengers connecting to international flight, please go through the security checks at the transfer points on the 2nd floor/and proceed to the airline's international transfer counter/or to the departure gate located on the 3rd floor.

유의할 단어

- entering 입국 [entə(r)ɪŋ]
- requested 요청된 [rɪkwestid]
- entry 입장 [entri]

- documents 서류 [dɑːkjumənts]
- currency 통화 [kɜːrənsi]
- acquired 획득한 [əkwáiərd]
- ready 준비 [redi]
- foreign 외국의 [fɔːrən;fɑːrən]
- information 정보 [ɪnfərmeɪʃn]
- number 수, 숫자 [nʌmbə(r)]
- worth ~의 가치가 있는 [wɜːrθ]
- declare 선언하다 [dɪkler]
- customs form 세관신고서 [kʌstəmzfɔːm]
- domestic 국내의 [dəmestɪk]
- transfer 옮기다 [trænsfɜː(r)]
- customs clearance 통관절차 [kʌstəmz klɪrəns]
- through ~을 통해 [θruː]
- security 보안 [səkjʊ̈rəti]
- departure 떠남, 출발 [dɪpɑːrtʃə(r)]
- located ~에 위치한 [loʊ̈keɪtɪd]

ごあんないいたします。
かんこくでおおりのきゃくさまは、にゅうこくかどと
ぜいかんしんこくしょをごよいください。
にゅうこくかーどとぜいかんしんこくしょ、

けんえきかーどをごよういくだまい。
おめりかどろを１まんどろいじょう、または　これにそうとうすろ
がいこくかへいをおもちのおきゃくさまは、

かならずぜいかんしんこくしょにおかきください。
なおしんこくもれがあっなばめいには、ばっきんが
かせられろことがございますので　せいかくにこきにゅうくださいませ。

〈Airshow 미상영 기종: ICN 도착편〉
ここICNくうこう　こくたいせん　おのりつざのおきゃくさま、
おにもつをおうけとりになり、ぜいかんけんさをおうけください。
けんさとをと、3かいとこくないせんかうんたーへ
おすすみくださいませ。

10-2 Arrival Information: USA

안내 말씀 드리겠습니다.
미국에 입국하시는 손님 여러분께서는/ 입국카드와 세관 신고서를 준비해 주시기 바랍니다.
모든 입국서류는 영어 대문자로 작성해야 하며, 입국카드는 개인당 1장, 세관신고서는 가족당 1장만 작성하시면 됩니다. 미화 만불 이상이나 여기에 해당하는 외화 화폐를 갖고 계신 분은/ 세관에 신고해 주시기 바랍니다. 또한 식품류와 농, 수, 축산물을 가지고 계신 분도 신고하시기 바랍니다.

〈T/S FLT〉

이 비행기로 계속 ___까지 가시는 손님 여러분께서도/ 이곳에서 입국 심사를 마치고 모든 짐을 찾아 세관검사를 받으신 후/ ___항공 통과여객 안내 카운터로 가서, 지상 직원의 안내를 받으시기 바랍니다.
약 ___분 후에 탑승이 다시 시작될 예정이며, 정확한 시간은 공항에서 다시 알려드리겠습니다.

〈필요한 경우〉

참고로 이곳은 현재 ___월___일이며, 이 비행기는 KE(OZ)___편입니다.

도움이 필요하시거나 궁금한 점이 있으시면/ 저희 승무원에게 말씀해 주십시오.
정성껏 도와 드리겠습니다.

유의할 단어

- 말씀 [말:씀] ○ [말슴] ×
- 입국 [입꾹] ○ [임꾹] ×
- 신고서 [신고서] ○ [싱고서] ×
- 화폐 [화:폐/화:페] ○ [하페] ×
- 축산물 [축싼물] ○ [축상물] ×
- 계속 [계:속, 게:속] ○ [개속] ×
- 세관검사 [세:관검:사] ○ [세간검사] ×
- 현재 [현:재] ○ [형재] ×

Ladies and gentlemen,

TO enter the United States, all passengers are required to fill out an arrival card and a customs form.

〈필요한 경우〉

For your information, our flight number is KE(OZ)____and today's date is____

(ex: March 15, 2013)

We recommend you complete these documents before you leave the airport.

〈TRANSIT〉

According to US regulations, all transit passengers are required to leave the airplane with all baggage/ and proceed through immigration before moving to the transit area.

유의할 단어

- entering 입국 [entə(r)ɪ ŋ]
- required 필요한 [rikwáiərd]
- arrival card 입국신고서 [əraɪvlkɑ:rd]
- customs form 세관신고서 [kʌstəmzfɔ:m]
- recommend 추천하다 [rekəmend]
- documents 서류 [dɑ:kjumənts]
- regulations 규정 [regjuleɪʃn]
- baggage 수하물 [bægɪdʒ]
- immigration 이주 [ɪmɪgreɪʃn]

10-3 Arrival Information: CHINA

안내 말씀 드리겠습니다.
손님 여러분께서는 입국카드와 세관신고서(그리고 검역 설문서)를 준비하시고, 영문 기재란에 영어로 적어 주십시오.
미화 5천불 이상이나 여기에 해당하는 외국 화폐를 갖고 계신 분은/ 입출국 때 세관에 반드시 신고해주십시오.
그리고 일정을 마치고 출국하실 때는/ 중국공항 규정에 따라 주류를 포함한 액체물품은 기내로 가지고 들어오실 수 없으니, 탑승 수속을 할 때 수하물로 부치시기 바랍니다.
또한 중국에서 생산된 농, 수, 축산물은 한국으로의 반입이 엄격히 제한되어 있음을 알려 드립니다.

〈필요한 경우〉

참고로 이곳은 현재 ___월___일이며, 이 비행기는 KE(OZ)__편입니다.

유의할 단어

- 말씀 [말:씀] ○ [말슴] ×
- 입국 [입꾹] ○ [임꾹] ×
- 신고서 [신고서] ○ [싱고서] ×
- 화폐 [화:폐/화:페] ○ [하폐] ×
- 축산물 [축싼물] ○ [축상물] ×
- 엄격히 [엄껴키] ○ [엉껴키] ×
- 제한 [제:한] ○ [재한] ×
- 현재 [현:재] ○ [형재] ×

Ladies and gentlemen,

TO enter China, all passengers are required to fill out an arrival card, and a customs form,(and a quarantine form).

〈필요한 경우〉

For your information, our flight number is KE(OZ)____and today's date is____

(ex: March 15, 2013)

We recommend you complete these documents/ before you leave the airplane. For your information, according to government regulation, no liquid items are permitted to be carried onto the airplane/ on your return flight out of China. Any liquid items should be checked-in.

유의할 단어

- entering 입국 [entə(r)ɪ ŋ]
- required 필요한 [rikwáiərd]
- arrival card 입국신고서 [əraɪvlkɑ:rd]
- customs form 세관신고서 [kʌstəmzfɔ:m]
- quarantine form 검역신고서 [kwɔ:rənti:nfɔ:m]
- recommend 추천하다 [rekəmend]
- documents 서류 [dɑ:kjumənts]
- government 정부 [gʌvərnmənt]
- regulations 규정 [regjuleɪʃn]
- liquid 액체 [lɪkwɪd]
- permitted 허용된 [pərmɪtid]

10-4 Arrival Information: ISLAMIC COUNTRIES(except Dubai)

안내 말씀 드리겠습니다.

〈입국서류 있는 경우〉

(도시명)에서 내리실 손님 여러분께서는 입국에 필요한 서류를 다 쓰셨는지 확인해 주시기 바랍니다.

〈필요한 경우〉

참고로 이곳은 현재 ___월___일이며, 이 비행기는 KE(OZ)__편입니다.

그리고 이 공항에서는 사진 촬영과 주류, 성인용 잡지의 반입이 금지되어 있으니 유의해 주십시오.

유의할 단어

- 말씀 [말:씀] ○ [말슴] ×
- 입국 [입꾹] ○ [임꾹] ×
- 현재 [현:재] ○ [형재] ×
- 공항 [공항] ○ [공안] ×

Ladies and gentlemen,

〈입국서류 있는 경우〉

TO enter into (country), all passengers are required to fill out an arrival card, and a customs form.

〈필요한 경우〉

For your information, our flight number is KE(OZ)____and today's date is____

(ex: March 15, 2013)

We recommend you that taking pictures, importing alcoholic beverages or carrying pornographic materials is strictly prohibited in the airport.

유의할 단어

- entering 입국 [entə(r)ɪŋ]
- required 필요한 [rikwáiərd]
- arrival card 입국신고서 [əraɪvlkɑ:rd]
- customs form 세관신고서 [kʌstəmzfɔ:m]
- recommend 추천하다 [rekəmend]
- documents 서류 [dɑ:kjumənts]
- importing 수입된 [ɪmpɔ:rtɪŋ]
- strictly 엄격히 [strɪktli]
- prohibited 금지하고 있는 [prəhɪbɪtid]

10-5 Arrival Information: SINGAPORE

안내 말씀 드리겠습니다.
내리시는 손님 여러분께서는 입국에 필요한 서류를 다 쓰셨는지 확인해 주십시오.

〈필요한 경우〉
참고로 이곳은 현재 ___월___일이며, 이 비행기는 KE(OZ)__편입니다.

그리고 껌과 담배 관련 제품을 가지고 계신 분은 세관에 신고하시기 바랍니다.
또한 싱가포르에서 생산되는 농, 수, 축산물은 한국으로의 반입이 엄격히 제한되어 있음을 알려드립니다.

유의할 단어

- 말씀 [말:씀] ○ [말슴] ×
- 입국 [입꾹] ○ [임꾹] ×
- 현재 [현:재] ○ [형재] ×
- 축산물 [축싼물] ○ [축상물] ×
- 엄격히 [엄껴키] ○ [엉껴키] ×
- 제한 [제:한] ○ [재한] ×

Ladies and gentlemen,

TO enter Singapore, all passengers are required to fill out an arrival card.

〈필요한 경우〉

For your information, our flight number is KE(OZ)____and today's date is____

(ex: March 15, 2013)

Smoking is permitted only in specially marked area of the terminal, and all tobacco products must be declared on arrival.

Please note that passengers are not permitted to bring chewing gum into Singapore.

유의할 단어

- entering 입국 [entə(r)ɪŋ]
- required 필요한 [rikwáiərd]
- arrival card 입국신고서 [əraɪvlkɑːrd]
- permitted 허용된 [pərmɪtid]

10-6 Arrival Information: MALAYSIA

안내 말씀 드리겠습니다.
손님 여러분께서는 입국에 필요한 서류를 다 쓰셨는지 확인해 주십시오.

〈필요한 경우〉
참고로 이곳은 현재 ___월___일이며, 이 비행기는 KE(OZ)___편입니다.

이곳 말레이시아에서는 부정 의약품 및 성인용 잡지의 반입이 엄격히 금지되어 있으니 유의하시기 바랍니다. 또한 말레이시아에서 생산된 농, 수, 축산물은 한국으로의 반입이 엄격히 제한되어 있음을 알려 드립니다.

유의할 단어

- 말씀 [말:씀] ○ [말슴] ×
- 입국 [입꾹] ○ [임꾹] ×
- 현재 [현:재] ○ [형재] ×
- 축산물 [축싼물] ○ [축상물] ×
- 엄격히 [엄껴키] ○ [엉껴키] ×
- 제한 [제:한] ○ [재한] ×

Ladies and gentlemen,

TO enter Malaysia, all passengers are required to fill out an arrival card.

〈필요한 경우〉

For your information, our flight number is KE(OZ)____and today's date is____

(ex: March 15, 2013)

We would like to inform yoi that Malaysia enforces very strict laws/ against drug trafficking for which upon conviction may result in capital punishment. Please read carefully the warming written/ on your Immigration Landing Card.

유의할 단어

- entering 입국 [entə(r)ɪ ŋ]
- required 필요한 [rikwáiərd]
- arrival card 입국신고서 [əraɪvlkɑ:rd]
- enforces 집행하다 [ɪnfɔ:rs]
- against ~에 반대하여 [əgenst;əgeɪnst]
- conviction 유죄선고 [kənvɪkʃn]

- punishment 처벌 [pʌnɪʃmənt]
- carefully 주의하여 [kɛ́ərfəli]
- permitted 허용된 [pər|mɪtid]

10-7 Arrival Information: RUSSIA

안내 말씀 드리겠습니다.
손님 여러분께서는 입국에 필요한 서류를 다 쓰셨는지 확인해 주십시오.

〈필요한 경우〉
참고로 이곳은 현재 ___월___일이며, 이 비행기는 KE(OZ)___편입니다.

미화 만불 이상의 외국 화폐를 갖고 계신 분은/ 그 금액을 세관신고서에 신고해 주십시오.
일정을 마치고 출국하실 때에는/ 신고한 금액 범위 내에서 반출이 가능함을 알려 드립니다.
또한 러시아에 계시는 동안에는/ 여권과 체류 등록 서류를 항상 갖고 다니셔야 합니다.

유의할 단어

- 말씀 [말:씀] ○ [말슴] ×
- 입국 [입꾹] ○ [임꾹] ×
- 현재 [현:재] ○ [형재] ×
- 등록 [등녹] ○ [든록] ×

Ladies and gentlemen,

For entry into Russia, all passengers are required to fill out an arrival card.

〈필요한 경우〉

For your information, our flight number is KE(OZ)____and today's date is____

(ex: March 15, 2013)

Be careful to read the customs regulations, as a failure to declare items may result in a fine.

Passenger who are carrying more the equivalent of 10,000 US dollars/ must declare this on their customs form. You should then proceed through the red line/ and have your customs form stamped by an official.

유의할 단어

- entering 입국 [entə(r)ɪ ŋ]
- required 필요한 [rikwáiərd]
- arrival card 입국신고서 [əraɪvlkɑːrd]
- regulations 규정 [regjuleɪʃn]
- failure 실패 [feɪljə(r)]
- equivalent 동등한 [ɪkwɪvələnt]
- permitted 허용된 [pərmɪtid]
- official 공무상의 [əfɪʃl]

10-8 Arrival Information: VIETNAM

안내 말씀 드리겠습니다.
손님 여러분께서는 입국에 필요한 서류를 다 쓰셨는지 확인해 주십시오.

〈필요한 경우〉
참고로 이곳은 현재 ___월___일이며, 이 비행기는 KE(OZ)___편입니다.

미화 7천불 이상의 외국 화폐를 갖고 계신 분은/ 그 금액을 세관신고서에 신고해 주십시오.
일정을 마치고 출국하실 때에는/ 신고한 금액 범위 내에서 반출이 가능함을 알려 드립니다.

또한 베트남에서 생산된 농, 수, 축산물은 한국으로의 반입이 엄격히 제한되어 있음을 알려드립니다.

유의할 단어

- 말씀 [말:씀] ○ [말슴] ×
- 입국 [입꾹] ○ [잉꾹] ×
- 현재 [현:재] ○ [형재] ×
- 축산물 [축싼물] ○ [축상물] ×
- 엄격히 [엄껴키] ○ [엉껴키] ×
- 제한 [제:한] ○ [재한] ×

Ladies and gentlemen,

To enter Vietnam, all passengers are required to complete an arrival card.

〈필요한 경우〉

For your information, our flight number is KE(OZ)____and today's date is____

(ex: March 15, 2013)

Passengers carrying more than equivalent of 7,000 US dollars/ must declare this on their customs form.

You may not leave Vietnam/ with an amount of money greater than declared on arrival.

Failure to declare may result in a fine.

유의할 단어

- entering 입국 [entə(r)ɪŋ]
- required 필요한 [rikwáiərd]
- arrival card 입국신고서 [əraɪvlkɑːrd]
- equivalent 동등한 [ɪkwɪvələnt]
- regulations 규정 [regjuleɪʃn]
- failure 실패 [feɪljə(r)]

10-9 Arrival Information: EGYPT

안내 말씀 드리겠습니다.

손님 여러분께서는 입국에 필요한 서류를 다 쓰셨는지 확인해 주십시오.

〈필요한 경우〉

참고로 이곳은 현재 ___월___일이며, 이 비행기는 KE(OZ)___편입니다.

이집트에 입국하거나 출국하실 때, 다른 나라의 화폐는 무방하나/ 이집트 화폐는 5,000파운드 이상 지닐 수 없도록 규정되어 있고, 그 이상 갖고 계실 경우/압수될 수도 있으니 유의하시기 바랍니다.

유의할 단어

- 말씀 [말:씀] ○ [말슴] ×
- 입국 [입꾹] ○ [임꾹] ×
- 현재 [현:재] ○ [형재] ×
- 압수 [압쑤] ○ [암수] ×

Ladies and gentlemen,

To enter Egypt, all passengers are required to complete an entry card.

〈필요한 경우〉

For your information, our flight number is KE(OZ)____and today's date is____

(ex: March 15, 2013)

We recommend you complete this document before you leave the airplane.
Please note that when entering or leaving Egypt, it is prohibited to carry more than 5,000 Egyptian pounds.
Any excess amount will be confiscated.

유의할 단어

- entering 입국 [entə(r)ɪŋ]
- required 필요한 [rikwáiərd]
- arrival card 입국신고서 [əraɪvlkɑːrd]
- recommend 추천하다 [rekəmend]
- prohibited 금지하고 있는 [prəhɪbɪtid]
- excess 초과 [ɪkses]
- confiscated 압수하다 [kɑːnfɪskeɪtid]

10-10 Arrival Information: PHILIPPINES

안내 말씀 드리겠습니다.
손님 여러분께서는 입국에 필요한 서류를 다 쓰셨는지 확인해 주십시오.

〈필요한 경우〉
참고로 이곳은 현재 ___월___일이며, 이 비행기는 KE(OZ)___편입니다.

일정을 마치고 돌아오실 때는, 필리핀 당국 규정에 따라/ 액체물품을 기내로 가지고 오실 수 없으니, 해당물품은 탑승수속 시 위탁 수하물로 부치시기 바랍니다.
아울러, 필리핀에서 생산된 농, 수, 축산물은 한국으로의 반입이 제한되어 있음을 알려드립니다.
병충해 예방을 위해 한국으로 돌아오실 때는/ 위와 같은 물품을 지니지 않도록 협조해 주십시오.

유의할 단어

- 말씀 [말:씀] ○ [말슴] ×
- 입국 [입꾹] ○ [임꾹] ×
- 현재 [현:재] ○ [형재] ×
- 병충해 [병:충해] ○ [변충해] ×
- 예방 [예:방] ○ [애방] ×

Ladies and gentlemen,

To entering the Philippines, please have your entry documents ready.

〈필요한 경우〉

For your information, our flight number is KE(OZ)____and today's date is____

(ex: March 15, 2013)

When you leave the Philippines, all liquid items, including alcoholic beverages are restricted/ from being brought into the cabin.
We ask you to include the local liquid items with checked baggage/ at the check-in counter of the Airport in the Philippines.

유의할 단어

- entering 입국 [entə(r)ɪŋ]
- required 필요한 [rikwáiərd]
- arrival card 입국신고서 [əraɪvlkɑ:rd]

10-11 Arrival Information: TAIWAN

안내 말씀 드리겠습니다.
손님 여러분께서는 입국에 필요한 서류를 다 쓰셨는지 확인해 주십시오.
그리고 대만정부에서는 외국산 생, 동, 식물 및 과일제품의 반입을 엄격히 규제하고 있습니다.
이와 같은 짐을 갖고 계신 손님께서는 반드시 신고서에 적어 주십시오.
신고하지 않은 물품에 대해서는 벌금이 부과될 수 있으니 유의하시기 바랍니다.
감사합니다.

유의할 단어

- 말씀 [말:씀] ○ [말슴] ×
- 입국 [입꾹] ○ [임꾹] ×
- 제품 [제:품] ○ [재품] ×
- 반드시 [반드시] ○ [반듯이] ×
- 부과 [부:과] ○ [부가] ×
- 유의 [유의, 유이] ○ [유히] ×

Ladies and gentlemen, To entering Taiwan, please have your entry documents ready.

According to the regulation of the government, passengers carrying animals, plants, or fruits must declare them on their customs form.

If you do not declare these items, you will be fined by local authorities.

Thank you.

유의할 단어

- entering 입국 [entə(r)ɪ ŋ]
- required 필요한 [rikwáiərd]
- arrival card 입국신고서 [əraɪvlkɑ:rd]
- authorities 당국관계자 [əθɔ:rəti;əz]

제11절 Station Regulation: 여권 또는 탑승권 소지

■ 실시 시점: Farewell ANN에 이어

계속해서 안내 말씀 드리겠습니다.
비행기에서 내리실 때, 현지 출입국 직원이 여권(탑승권) 검사를 하겠습니다.
여권(탑승권)을 미리 준비하시기 바랍니다.
감사합니다.

유의할 단어

- 말씀 [말:씀] ○ [말슴] ×
- 탑승권 [탑씅꿘] ○ [탑슨귄] ×
- 준비 [준:비] ○ [즌비] ×

Ladies and gentlemen,
By the request of the local Immigration authorities,
please have your passport(boarding pass) in hand when you deplane.
Thank you for your cooperation.

유의할 단어

- authorities 당국관계자 [əθɔ:rəti;əz]
- passport 여권 [pæspɔ:rt]
- deplane 비행기에서 내리다 [di:pleɪn]
- cooperation 협조 [koʊɑ:pəreɪʃn]

11-1 Station Regulation: RAMADAN in ISLAMIC COUNTRIES

■ 실시 시점: Arrival information 안내방송에 이어

안내 말씀 드리겠습니다.
지금은 중동 지역의 라마단 기간입니다.
___월 ___일부터 ___월 ___일까지는 해가 떠 있는 동안 공항의 입국장을 포함한 모든 공공장소에서의 취식과 흡연을 금지하고 있습니다.
유의하시기 바랍니다.

유의할 단어

- 말씀 [말:씀] ○ [말슴] ×
- 입국장 [입꾹짱] ○ [임꾹장] ×
- 취식 [취:식] ○ [치식] ×

✣ 라마단이란? 이슬람교에서, 단식과 재계(齋戒)를 하는 달을 말한다. 이슬람력의 아홉 번째 달로, 해가 뜰 때부터 해가 질 때까지 식사, 흡연, 음주, 성행위 따위를 금하는 기간이다.

Ladies and gentlemen,

In Isram countries, the period of RAMADAN is observed from ____ to ____.

For your information, passenger are not permitted to smoke, eat or drink in the terminal building and other public area during daylight hours.

Thank you.

유의할 단어

- countries 국가, 나라 [kʌntri]
- observed ~을 보고 알다 [əbzɜːrvd]
- daylight 햇빛, 일광 [deɪlaɪt]

11-2 Station Regulation: SPRAYING INSECTICIDE

▶ 실시 시점: Arrival information 안내방송에 이어

안내 말씀 드리겠습니다.

(국가명)에서는 입국하는 모든 비행기 내에/ 공항 도착 전 방충제를 뿌리도록 법으로 정하고 있습니다.

지금부터 승무원이 방충제를 뿌리겠습니다.

사용되는 방충제는 세계보건기구에서 인정한 안전한 약품이니/ 안심하시기 바랍니다.

감사합니다.

유의할 단어

- 말씀 [말:씀] ○ [말슴] ×
- 입국 [입꾹] ○ [임꾹] ×
- 세계[세:계/세:게] ○ [새개] ×

Ladies and gentlemen,

To meet local quarantine regulation, the cabin will be sprayed with a non-toxic mist approved by the World Health Organization.

This procedure is to protect against harmful insects.

Please remain seated while the cabin is sprayed.

Thank you for your understanding.

유의할 단어

- sprayed 분무된 [spreɪd]
- approved 입증된 [əprúːvd]
- harmful 해로운, 유해한 [hɑːrmfl]

11-3 Station Regulation: SPRAYING ON THE GRAND(FIJI)

■ **실시 시점:** Arrival information 안내방송에 이어

안내 말씀 드리겠습니다.
(국가명)에서는 입국하는 모든 비행기 내에/ 공항 도착 전 방충제를 뿌리도록 법으로 정하고 있습니다.
지금부터 승무원이 방충제를 뿌리겠습니다.
사용될 방충제는 세계보건기구에서 인정한 안전한 약품이니/ 안심하시기 바랍니다.
감사합니다.

유의할 단어

- 말씀 [말:씀] ○ [말슴] ×
- 입국 [입꾹] ○ [임꾹] ×
- 세계[세:계/세:게] ○ [새개] ×

Ladies and gentlemen,
After arriving at the Nadi international airport terminal,
quarantine authority officers will board this aircraft/ and conduct disinfection spray.
We would like to inform all passengers/ that the disinfection spray is non-toxic and has approved by the World Health Organization.

Please remail seated for while the cabin is being sprayed.

Your cooperation will be appreciated.

유의할 단어

- quarantine 검역 [kwɔ:rənti:n]
- disinfection 소독, 살균 [dìsinfékʃən]
- sprayed 분무된 [spreɪd]
- approved 입증된 [əprú:vd]

11-4 Station Regulation: 사전 여권 검사

■ 사전 통보가 있을 경우 실시

안내 말씀 드리겠습니다.
____공항에 도착하면/ 기내에서 출입국 직원이 여권 검사를 하겠습니다.
손님 여러분께서는 여권을 준비해주시고, 검사가 끝날 때까지 자리에 앉아 기다려 주시기 바랍니다.
감사합니다.

유의할 단어

-말씀 [말:씀] ○ [말슴] ×
-출입국 [추립꾹] ○ [출입꾹] ×

May I have your attention please.
The immigration authorities at this airport have informed us/
that their officials will be conducting a brief inspection
of passports and other travel documents before deplaning.
All passenger are requested to remain seated/ and have their passports ready.
Your cooperation will be appreciated.

유의할 단어

- conducting 지휘 [kɑ:ndʌktɪŋ]
- brief 잠시 동안, 짧은 [bri:f]
- inspection 검사 [ɪnspekʃn]

11-5 Station Regulation: 기내 검역 대기

■ Farewell 방송 직후

안내 말씀 드리겠습니다.
내리시기 전에 기내에서 검역 직원에 의한 검역이 있겠습니다.
손님 여러분께서는 잠시 자리에서 기다려 주시기 바랍니다.

유의할 단어

- 말씀 [말:씀] ○ [말슴] ×
- 검역 [거:멱] ○ [거녁] ×

May I have your attention please.

The local Quarantine Authorities will be conducting a brief inspection before deplaning.

All passengers are requested to remain seated/ until the inspection is finished.

Your cooperation will be appreciated.

유의할 단어

- attention 주의, 집중 [ətenʃn]
- remain 계속 ~이다 [rɪmeɪn]
- finished 끝난 [fɪnɪʃt]

제12절 Transit Procedure

■ Arrival Information 방송에 이어

계속해서 이 비행기로 ___까지 가시는 손님 여러분께 안내 말씀 드리겠습니다.
___공항에 도착하면 모든 짐을 갖고 내리시고 탑승권도 잊지 마시기 바랍니다.
내린 후에는 저희 지상직원의 안내에 따라 통과 카드를 받은 다음, 공항 라운지에서 잠시 기다려 주십시오.
이 비행기의 다음 출발시각은 ___시 ___분이며, 탑승시각은 공항에서 알려드리겠습니다.
감사합니다.

유의할 단어

- 말씀 [말:씀] ○ [말슴] ×
- 공항 [공항] ○ [공안] ×
- 탑승권 [탑씅꿘] ○ [탁승꿘] ×

Ladies and gentlemen,
Passengers continuing to ___ with us should collect a transit card after leaving the airplane, and then proceed to the transit area.

For security reasons you must take all your belongings with you.
Our scheduled departure time for ___is ____(am/pm).
We will start re-boarding in about ____minutes.
Please listen for a boarding announcement in the transit area.
Thank you.

유의할 단어

- reasons 이유 [ri:zn]
- belongings 소유물 [bɪlɔ: ŋ ɪ ŋ z]
- announcement 방송 [ənaʊnsmənt]

제13절 Approaching

손님 여러분,
우리 비행기는 약 ___분 후에 ___공항에 도착하겠습니다.
꺼내 놓은 짐들은 앞 좌석 아래나 선반 속에 다시 보관해 주십시오.
감사합니다.

유의할 단어

- 공항 [공항] ○ [공앙] ×
- 도착 [도:착] ○ [도촥] ×
- 좌석 [좌:석] ○ [자석] ×
- 선반 [선반] ○ [선방] ×
- 보관 [보:관] ○ [보간] ×

Ladies and gentlemen,

We are approaching ____airport.

At this time, we ask you to please store your carry-on

items in the overhead bins or under the seat in front of you.

Thank you for your cooperation.

유의할 단어

- approaching 다가오다 [əproʊtʃ ŋ]
- store 저장, 보관 [stɔ:(r)]
- carry-on 휴대용 가방 [kæri-a:n]
- overhead bins 짐넣는 곳 [oʊvərhed bàin]
- under 아래에 [ʌndə(r)]
- front 앞쪽 [frʌnt]
- cooperation 협력 [koʊɑ:pəreɪʃn]

みなさま、
このひこうきは　やく（　　）分ごに（　　）くうこう
とうちゃくいたします。
おにもつは　うえのたな　またはおざせきのしたに　おいれください。

제14절 Transit Gate Information

■ Approaching 방송 직후

안내 말씀 드리겠습니다.
인천공항 도착 후 여러분께서 내리실 Gate는 ___번입니다.
계속해서 연결편으로 여행하시는 손님 여러분께 출발 탑승구를 안내해 드리겠습니다.
___행 ___항공 ___편은 ___번 탑승구,
___행 ___편은 ___번,
___행 ___항공 ___편은 ___번 탑승구,
그리고 ___행 ___항공 ___편은 ___번 탑승구에서 출발 예정입니다.
문의사항이 있는 분께서는 저희 승무원에게 말씀해 주십시오.

유의할 단어

- 말씀 [말:씀] ○ [말슴] ×
- 탑승구 [탑씅구] ○ [탁승구] ×

Ladies and gentlemen,

We will be arriving at gate number ___ in In-cheon international airport.

Also, We will now provide connecting gate information.

____Air flight (편명) to (목적지), gate ____,

(편명) to (목적지), gate ____,

(항공사) flight (편명) to (목적지), gate ____,

and (항공사) flight (편명) to (목적지), gate ____,

For further information please contact one of our cabin crew.

유의할 단어

- provide 제공하다 [prəvaɪd]
- contact 연락, 접촉 [kɑːntækt]

제15절 Landing

손님 여러분, 우리 비행기는 곧 착륙하겠습니다.
좌석 등받이와 (발 받침대,) 테이블을 제자리로 해 주시고 좌석벨트를 매 주십시오.
그리고 착륙 중 창문 덮개는 열어 두시기 바라며 지금부터는 전자기기를 사용하실 수 없으니 전원을 꺼 주시기 바랍니다.
감사합니다.

유의할 단어

- 착륙 [착륙] ○ [창뉵] ×
- 좌석 [좌:석] ○ [자석] ×
- 등받이 [등바지] ○ [등밫이] ×
- 착륙 [창뉵] ○ [착뉵] ×
- 창문 [창문] ○ [착문] ×
- 덮개 [덥깨] ○ [덥개] ×
- 전자기기 [전:자기기] ○ [젼자기기] ×
- 전원 [전원] ○ [젼원] ×

Ladies and gentlemen,

We will be landing shortly.

In preparation for landing, please fasten your seat belt,

return your seat and tray table to the upright position,
and open your window shades.
Also please discontinue the use of electronic devices until
the aircraft has been parked at the gate.
Thank you.

유의할 단어

- landing 착륙 [lændɪŋ]
- shortly 곧 [ʃɔːrtli]
- preparation 준비 [prepəreɪʃn]
- fasten 채우다 [fæsn]
- return 돌아오다(가다) [rɪtɜːrn]
- tray 쟁반 [treɪ]
- table 식탁, 테이블 [teɪbl]
- upright 똑바른 [ʌpraɪt]
- shade 음영 [ʃeɪd]
- discontinue 중단하다 [dɪskəntɪnjuː]
- electronic 전자의 [ɪlektrɑːnɪk]
- devices 장치 [dɪvaɪsis]
- aircraft 항공기 [erkræft]

みなさま、
このひこうきは、まもなくちゃくりくいたします。
おざせきとてーぶろを　もとのいちにおどしになり、

しーとべるとをしっかりとおしめくださいませ。
ただいまより　すべてのでんしききは　ごしようになれません。
でんげんを　おきりくださいますよう　おねがいいたします。
でんげんを　おきりくださいますよう　おねがいいたします。

제16절 Farewell

손님 여러분,
우리 비행기는 (도시별 특성문안)에 도착했습니다.

〈15분 이상 지연〉
****관계로 도착이 예정보다 늦어진 점, 양해해 주시기 바랍니다.

지금 이곳은 ___월___일 오전(오후)___시___분이며,
기온은 섭씨 ___도입니다.
손님 여러분,

선택

- 오늘도 여러분의 소중한 여행을 스카이팀(스타얼라이언스) 회원사인 ___항공과 함께 해 주셔서 대단히 감사합니다. 저희 승무원들은 앞으로도 한분 한분 특별히 모시는 마음으로 고객 여러분과 늘 함께 할 것을 약속드립니다.

- 스카이팀(스타얼라이언스) 회원사인 저희 ___항공은 고객 여러분의 사랑에 감사 드리며, 앞으로도 계속 노력하는 모습으로 늘 여러분과 함께 하겠습니다.

- 오늘도 스카이팀(스타얼라이언스) 회원사인 저희 ___항공을 이용해 주셔서 대단히 감사합니다.
  저희 승무원들을 비롯한 모든 직원들은 앞으로도 손님 여러분의 여행이 항상 안전하고 편안할 수 있도록 최선을 다하겠습니다.

- 스카이팀(스타얼라이언스) 회원사인 ___항공과 늘 함께 해 주시는 손님 여러분께 깊은 감사를 드립니다.
  저희 승무원들은 여러분의 변함없는 사랑에 보답하는 마음으로 한결같이 정성을 다하겠습니다.

감사합니다./ 안녕히 가십시오.

유의할 단어

- 도착 [도:착] ○ [도촉] ×
- 관계 [관계, 관게] ○ [간게] ×
- 탑승구 [탑씅구] ○ [탑슨구] ×
- 대단히 [대:단히] ○ [대단이] ×
- 최선 [최:선, 췌:선] ○ [채선] ×
- 보답 [보:답] ○ [보닥] ×
- 한결같이 [한결가치] ○ [항결가치] ×

Ladies and gentlemen,

We have landed at (공항명)(international) airport.

〈15분 이상 지연〉

Today we are delayed due to ____.

We appreciate your patience and kind understanding.

The local time is now (____:____) a.m/p.m (month)(date) and the temperature is ____degrees Celsius or degrees Fahrenheit.

선택

- Thank you for choosing ___ Air, a member of the SkyTeam(Star) alliance/ and we hope to see you again soon on your next flight.

- Thank you for being our guests today.
  We hope that if future plans call for air travel, you will consider ____Air, a member of SkyTeam(Star) alliance, for all your travel needs.

유의할 단어

- landed 착륙한 [lændɪd]
- international 국제 [ɪntənæʃnəl]
- appreciate 고마워하다 [əpri:ʃieɪt]
- temperature 온도 [temprətʃə(r)]
- celsius 섭씨 [selsiəs]
- fahrenheit 화씨 [færənhaɪt]
- choosing 선택, 선정 [tʃu:zɪŋ]
- alliance 동맹, 연합 [əlaɪəns]

みなさま、ただいま（　）こくさいくうこう　とうちゃくいたしました。

〈15분 이상 지연〉

ほんじつは、（　）のためとうちゃくがよていより
おくれましたことをおわびもうしめげます。

げんちじかんは、（　月　日）ごぜん　(ごご)　（　）し（　）分
きおんは　せっし　　どでございます。
(영하:　れいか/ 0도:　れいど　)

みなさま、ほんじつも　すかいちーむめんばーのこりあんえあーを
ごりようくｔたさいまして　ありがとうございました。
またちかいうちに　みなさまとおめにかかれますよう、
じょうむいんいちどう　おまちいたしております。

ごとうじょう　ありかとございました。
감사합니다. 안녕히 가십시오.

※ Delay 시 참고 예문(당사 귀책 사유가 아닌 경우)

① 날씨가 좋지 않은(bad weather/おくてんこため)
② 기상 조건(weather conditions/てんこう　かんけいで)
③ ____공항의 짙은 안개(dense fog at ____ airport/この　くうこうの　こいきりのため)
④ 활주로의 제설작업(snow being removed from the runway/かっそうろの　じょせつ　のため)
⑤ 공항 관제탑의 이륙허가를 기다리는 (take-off clearance from the control tower/かんせいとうからの　りりくの　きょかをまったんけいで)
⑥ 우리 앞에 이착륙 비행기가 많아 차례를 기다린(traffic congestion/くうこうこんざつのため)
⑦ 심한 맞바람의 영향으로(strong head winds/むかいかぜのため)

※ 현지어 인사말

도시	시간대	인사말
CDG	아침 - 점심	Bon jour 봉주르
	저녁	Bon soir 봉수아
FCO	오전	Buon giorno 본 조르노(Buon은 부온을 축약해서 발음)
	오후	Buona sera 보나세라
FRA	오전	Guten Morgen 구텐 모르겐
	오후	Guten Tag 구텐 탁
	일몰 후	Guten Abend 구텐 아벤트
HNL	-	Aloha 알로하

제4장

비상 시 기내방송

제1절 감압

제2절 준비되지 않은 비상사태

제3절 준비된 비상사태

제4절 비상 착륙(수) 1분전

IN-FLIGHT ANNOUNCEMENT

4 비상 시 기내방송

제1절 감압

비상 강하중.

Attention. Emergency descent.

きんきゅう　こうかちゅう

좌석벨트를 매고 산소마스크를 코와 입에 대십시오.

Fasten your seat belt and put the mask over your nose and mouth.

ぎせきの　ベルトを　しめ、さんそマスクを　はなとくちに　あててください。

반복해서 계속 방송.

제2절 준비되지 않은 비상사태

안내 말씀 드리겠습니다.
긴급사태가 발생했습니다.
우리 비행기는 지금부터 비상 착륙(수)하겠습니다.

Attention.
This is an emergency landing (ditching).

きんきゅう　じたい　はっせい
きんきゅう　ちゃくりく（ちゃくすい）

좌석벨트를 매시고 양팔을 엇갈리게 하여 앞좌석 윗부분을 잡으십시오.
머리를 양팔 밑으로 깊이 숙이십시오.

Fasten your seat belt tight and cradle your in folded arms, lean forward on the seat in front of you.

ぎせきの　ベルトを　しめ，りょううで　クロスさせ　まえのざせきのせを　つかんでください。
あたまを　りょううでしたに　いれて　しっかり　こていしてください。

반복해서 계속 방송.

제3절 준비된 비상사태

■ 주의집중

손님 여러분, 주목해 주시기 바랍니다.
긴급사태가 발생했습니다.
우리 비행기는 앞으로 약___분 후에 비상착륙(수)하겠습니다.
저희 승무원들은 이러한 상황에 대비하여 충분한 훈련을 받았습니다.
침착해 주시고 지금부터 저희 승무원의 지시에 따라주십시오.

Ladies & gentlemen, attention please.
We will have to make an emergency landing(ditching) in about ____minutes.
We are trained to handle this situation.
Remain calm and follow the instructions of your cabin attendants.

■ Catering item 수거

저희 승무원들이 여러분의 좌석으로 가게 되면 수거하기 쉽도록 식사 tray나 빈 캔 등을 통로 쪽으로 내놓아 주십시오.

When the cabin attendant come to your row, pass your food tray and all other service items to the aisle for pick up.

■ 좌석등받이 및 traytable 원위치

좌석등받이를 세워주시고 traytable은 닫아 주십시오.

At this time, bring seatbacks to the upright position and stow all traytable.

■ 날카롭거나 느슨한 물건 제거

펜이나 보석 같은 날카로운 물건을 모두 치워주십시오.
스파이크가 박힌 신발은 벗으십시오.
넥타이나 스카프와 같은 느슨한 물건들은 풀어 주십시오.
풀어낸 모든 물건은 휴대수하물 가방 안에 넣으십시오.
착륙 전에 안경은 벗어서 양말이나 상위 옆 주머니에 넣으십시오.
좌석 앞 주머니 속에는 아무것도 넣지 마십시오.
객실승무원들이 통로에서 여러분을 도와 드리겠습니다.

Remove all sharp objects such as pens and jewelry.
Also remove loose objects such as neckties and scarves.
Put all of these items in carry-on baggage.
Remove eyeglasses before landing and put them in your sock or a side coat pocket.
Do not put anything in the seat pocket in front of you.
Cabin attendants will be in the aisles to assist you.

■ 신발 벗기(비상착수 시)

신발을 모두 벗으십시오.
벗은 신발은 휴대수하물 가방, 좌석 아래 또는 선반 안에 넣으십시오.
좌석 앞 주머니 속에는 넣지 마십시오.
저희 승무원들이 통로에서 도와 드리겠습니다.

Remove all shoes.
Put them items in carry-on baggage, underneath a seat or in the overhead bins.
Do not put them in the seat pocket in front of you.
Cabin attendant will be in the aisle to assist you.

■ 수하물 정리, 보관

모든 수하물은 좌석 하단 밑 선반 안에 넣으십시오.

Put all carry-on item under a seat or in an overhead bin.

■ 구명복 착용-Demo(비상착수 시)

좌석 아래나 옆에 있는 구명복을 꺼내십시오.
탭을 잡아당겨 구명복을 가방에서 꺼내십시오.
구명복은 머리 위에서부터 입으시고 끈을 구명복 앞으로 당기십시오.

끈을 허리에 맞도록 조절하십시오.
항공기 내에서는 절대 부풀리지 마십시오.
항공기에서 나가면서 두 개의 붉은 탭을 잡아당겨 구명복을 부풀리십시오.
구명복은 양쪽에 있는 고무관을 불어 부풀려 주십시오.
아기나 어린이를 동반하신 분은 승무원들이 유아용 구명복을 입히는 것을 도와 드리겠습니다.
도움이 필요하신 분이 계시면 승무원이 도움을 드리겠습니다.

Locate the life vest under or on the side of your seat and remove it.
Remove the vest from the pouch by pulling on the tab.
Place it over your head and fasten the straps to the front of the vest.
Adjust the straps loosely around your waist.
Do not inflate the vest inside the aircraft.
As you leave the aircraft, pull down on the two red tabs to inflate the vest.
The vest can also be inflated by blowing into the tubes on either side.
For those travelling with infants or small children,
the cabin attendant will assist you in putting vests on the children.
For anyone else needing help, cabin attendant will assist you.

■ **좌석벨트 착용-Demo**

좌석벨트를 매십시오.
버클을 끼우고 끈을 몸에 맞도록 조여 주십시오.
좌석벨트를 풀라는 지시가 있으면 버클 덮개를 들어 올리십시오.

Fasten your seatbelt.

Place the metal tip into the buckle and tighten the strap low and secure about you.

When told to release your seatbelt, life the top of the buckle.

■ 충격방지자세-Demo

착륙 직전에 충격방지 자세를 취하라는 신호가 있을 것입니다.
신호는 ___(신호내용)이며, 이때 승무원들이 충격방지 자세를 취하라는 지시를 할 것입니다.

The signal to brace will be given just before landing.
The signal will be ___(describe signal), and cabin attendants will command you to brace.

충격방지자세를 취하라는 신호가 있으면 발을 바닥에 대고 양팔을 엇갈리게 하여 손을 앞 좌석 상단에 갖다 대십시오. 머리는 팔에 대십시오.

When instructed to brace for impact, place your feet on the floor,
cross your arms and put your hands on the seat in front of you.

앞좌석 등받이에 손이 닿거나 앞에 좌석이 없는 경우에는,
앞으로 최대한 숙여 팔을 다리 밑으로 넣어 단단히 안으시고 머리를 무릎에 대십시오.
충격방지 자세는 항공기가 완전히 정지할 때까지 취하고 있어야 합니다.
이후, 승무원의 지시에 따라 주십시오.

If you cannot reach the seatback in front of you, or if there is no seat in front

of you, lean forward as far as you can and wrap your arms tightly under your legs and put your on your knees.
Hold your bracing position until the aircraft comes to complete stop.
Then follow the instructions of your crew.

아기나 어린아이와 함께 계신 분은 저희 승무원들이 어린이가 충격방지 자세를 취할 수 있도록 도와드리겠습니다.
도움이 필요하신 다른 분들은 저희 승무원이 도와드리겠습니다.

For those travelling with infants or small children, the cabin attendants will assist you to prepare your child to brace.
For anyone else needing help, the cabin attendants will assist you.

■ Safety instruction card 내용 숙지-Demo

좌석 앞 주머니 속에서 Safety instruction card를 꺼내어 좌석벨트, 충격 방지 자세, (구명복), 탈출구 위치 및 탈출구 작동법을 숙지하십시오.
저희 승무원들이 통로에서 여러분을 도와드리고 질문에 답해 드리겠습니다.
협조해 주셔서 감사합니다.

Take the Safety instruction card from the seat pocket in front of you and review seatbelt operation, bracing position, (life vest operation), exit locations and exit operation.
Cabin attendants will be in aisles to assist you and answer any questions.
Thank you for your cooperation.

■ 협조자 모집

손님 여러분, 잠시 안내 말씀 드리겠습니다.
여러분 중에 항공사 직원, 경찰, 소방관 또는 군인이 계시면 저희 승무원에게 알려주시기 바랍니다. 여러분의 도움이 필요합니다.

Ladies and gentlemen,
If there are any airline employees, law enforcement, fire rescue or military personnel on board, please identify yourself to a cabin attendant.
We need your assistance.

■ 승객좌석 재배치

손님 여러분,
탈출을 용이하게 하기 위해서 몇 분 손님께서 좌석변경을 요청하겠습니다.
여러분께서는 저희들이 요청할 때까지 좌석에 그대로 계시기 바랍니다.

Ladies and gentlemen,
We will be asking some of you to change seats to better help those needing assistance or to be closer to an exit to help evacuate.
Please remain seated unless you are asking to move.

■ 객실조명 조절

손님 여러분,
외부밝기에 적응을 하기 위하여 기내의 조명을 어둡게 하고 있습니다.

Ladies and gentlemen,
We are dimming the cabin lights so your eyes can adjust to the outside lighting.

제4절 비상 착륙(수) 1분전

착륙(수) 1분전입니다.
One minute before touch down.
ちゃくりく（ちゃくすい）1ぷんまえ。

좌석벨트를 다시 한번 확인해 주시기 바랍니다.
Recheck your seat belt.
ベルトを　たしかめて。

충격방지자세를 취하십시오.
Brace yourself.
しょうげき　ばうし　しせいを　とれ。

제5장

방송 방법 및 마이크 사용법

5 방송 방법 및 마이크 사용법

제1절 좋은 방송을 하기 위한 방법

1. 방송문을 유창하게 읽을 수 있도록 평소 많은 노력을 기울인다.
2. 방송 현장에서는 밝은 표정으로 방송하여 경쾌한 톤을 유지한다.
3. 적당한 Pause와 동일한 억양이 반복되지 않도록 변화를 주고 멋을 부리기 위한 습관을 붙이지 않도록 주의한다.
4. 외국어는 차분히, 또박또박 방송하여 의미가 쉽게 전달될 수 있도록 노력하고, 여유 있고 친근감 있는 방송이 되도록 매 방송 시 최선을 다해야 한다.

제2절 올바른 마이크 사용법

1. 마이크 성능은 미리 파악하고 자신의 목소리와 조화를 이룰 수 있도록 한다.
2. 마이크와 입술과의 거리는 2cm 내외가 적당하며, 송화기에 입술이 정면으로 향하도록 해서 음량 및 명료도가 양질의 상태로 유지되도록 노력한다.

3. 두 손바닥으로 마이크 전방을 동그랗게 감사 소리가 밖으로 퍼지지 않도록 방송하면 음량 및 명료도의 향상을 가져올 수 있다.

제3절 공항 명칭

1. 국내공항

CODE	지역명	공항 공식 명칭
CJJ	청주	청주 국제공항
CJU	제주	제주 국제공항
GMP	서울	김포 국제공항
HIN	진주/사천	사천 공항
ICN	서울	인천 국제공항
KAG	강릉	강릉 공항
KPO	포항	포항 공항
KUV	군산	군산 공항
KWJ	광주	광주 국제공항
MPK	목포	목포 공항
PUS	부산	김해 국제공항
RUS	여수/순천	속초 공항
SHO	속초	속초 공항
TAE	대구	대구 국제공항
YNY	양양	양양 국제공항

2. 국외공항

CODE	종류	한국어	영어
AKL	도시명	오클랜드	AUCKLAND
ANC	도시명	앵커리지	ANCHORAGE
AOJ	도시명	아오모리	AOMORI
ATL	도시명	애틀란타	ATLANTA
AXT	도시명	아키타	AKITA
BAH	도시명	바레인	BAHRAIN
BKK	도시명	방콕	BANGKOK
BKI	도시명	코타키나발루	KOTA KINABALU
BNE	도시명	브리즈번	BRISBANE
BOM	도시명	뭄바이	MUMBAI
BOS	도시명	보스턴	BOSTON
CAI	도시명	카이로	CAIRO
CAN	도시명	광저우	GUANGZHOU
CDG	도시명	파리	PARIS
	공항명	샤를드골	CHARLES DE GAULLE
CGK	도시명	자카르타	JAKARTA
CHC	도시명	크라이스트처치	CHRISTCHURCH
CMB	도시명	콜롬보	COLOMBO
CSX	도시명	창사	CHANGSHA
CTS	도시명	삿포르	SAPPORO
DEN	도시명	덴버	DENVER
DFW	도시명	댈러스	DALLAS
	공항명	포트웥스	FORT WORTH
DPS	도시명	덴파사르	DENPASAR
	공항명	발리 응우라라이	BALINGURAHRAI
DXB	도시명	두바이	DUBAI

CODE	종류	한국어	영어
EWR	도시명	뉴어크	NEWWARK
FCO	도시명	로마	ROME
	공항명	피우미치노	FIUMICINO
FRA	도시명	프랑크푸르트	FRANKFURT
FUK	도시명	후쿠오카	FUKUOKA
GRU	도시명	상파울루	SAO PAULO
HAN	도시명	하노이	HANOI
HKD	도시명	하코다테	HAKODATE
HKG	도시명	홍콩	HONGKONG
HND	도시명	하네다	HANEDA
HKG	도시명	푸켓	PHUKET
HNL	도시명	호놀룰루	HONOLULU
IAD	도시명	워싱턴 디씨	WASHINGTON D.C
	공항명	델레스	DULLES
IST	도시명	이스탄불	ISTANBUL
JFK	도시명	존 에프 케네디	JOHN F. KENNEDY
KIJ	도시명	니가타	NIGATA
KIX	도시명	오사카	OSAKA
KMG	도시명	쿤밍	KUNMING
KMQ	도시명	고마쓰	KOMATSU
KOJ	도시명	가고시마	KAGOSHIMA
KTM	도시명	카트만두	KATHMANDU
KUL	도시명	쿠알라룸푸르	KUALA LUMPUR
LAS	도시명	라스베이거스	LAS VEGAS
	공항명	맥커런	MC CARRAN
LAX	도시명	로스엔젤레스	LOS ANGELES
LED	도시명	상트페테르부르크	ST.PETERSBURG

CODE	종류	한국어	영어
LHR	도시명	런던	LONDON
	공항명	히드로	HEATHROW
MAD	도시명	마드리드	MADRID
	공항명	바라하스	BARAJAS
MNL	도시명	마닐라	MANILA
NAN	도시명	난디	NA야
NGO	도시명	나고야	NAGOYA
	공항명	주부	CENTRAL JAPAN
NRT	도시명	도쿄	TOKYO
	공항명	나리타	NARITA
OIT	도시명	오이타	OITA
OKA	도시명	오키나와	OKINAWA
OKJ	도시명	오카야마	OKAYAMA
ORD	도시명	시카고	CHICAGO
	공항명	오해어	O'HARE
PEN	도시명	페낭	PENANG
PEK	도시명	베이징	BEIJING
	공항명	소우뚜	CAPITAL
PNH	도시명	프놈펜	PHNUM PANH
PRG	도시명	프라하	PRAGUE
	공항명	루지네	RUZYNE
PVG	도시명	상하이	SHANGHAI
REP	도시명	시엠립	SIEM REAP
SEA	도시명	시애틀	SEATTLE
	공항명	타코마	TACOMA
SDJ	도시명	센다이	SENDAI
SFO	도시명	샌프란시스코	SAN FRANCISCO

CODE	종류	한국어	영어
SGN	도시명	호치민	HOCHIMINH
SHE	도시명	선양	SHENYANG
SIN	도시명	싱가포르	SINGAPORE
	공항명	창이	CHANGI
SPL	도시명	암스테르담	AMSTERDAM
	공항명	스키폴	SCHIPHOL
SPN	도시명	사이판	SAIPAN
SVO	도시명	모스크바	MOWCOW
	공항명	쉐레메트 예보	SHERMETYEVO
SYD	도시명	시드니	SYDNEY
	공항명	킹스폴드 스미스	KINGSFORD SMITH
SYX	도시명	싼야	SANYA
SZX	도시명	선전	SHENZHEN
TAO	도시명	칭다오	QINGDAO
TLV	도시명	텔 아비브	TEL AVIV
TPE	도시명	타이베이	TAIPEI
ULN	도시명	울란바타르	ULAANBAATAR
URC	도시명	우루무치	URUMQI
UTP	도시명	파타야	PATTAYA
VIX	도시명	비엔나	VIENNA
VVO	도시명	블라디보스토크	VLADIVOSTOK
YVR	도시명	벤쿠버	VANCOUVER
YYZ	도시명	토론토	TORONTO
XIY	도시명	시안	XI'AN
XMN	도시명	샤먼	XIAMEN
ZRH	도시명	취리히	ZURICH
	공항명	클로텐	KLOTEN

제4절 온도 읽는 법

섭씨	화씨	섭씨	화씨	섭씨	화씨
-30	-22.0	-6	21.2	18	64.4
-29	-20.2	-5	23.0	19	66.2
-28	-18.4	-4	24.8	20	68.0
-27	-16.6	-3	26.8	21	69.8
-26	-14.8	-2	28.4	22	71.6
-25	-13.0	-1	30.2	23	73.4
-24	-11.2	0	32.0	24	75.2
-23	-9.4	1	33.8	25	77.0
-22	-7.6	2	35.6	26	78.8
-21	-5.8	3	37.4	27	80.6
-20	-4.0	4	39.2	28	82.4
-19	-2.2	5	41.0	29	84.2
-18	-0.4	6	42.8	30	86.0
-17	1.4	7	44.6	31	87.8
-16	3.2	8	46.4	32	89.3
-15	5.0	9	48.2	33	91.4
-14	6.8	10	50.0	34	93.2
-13	8.6	11	51.8	35	95.0
-12	10.4	12	53.6	36	96.8
-11	12.2	13	55.4	37	98.6
-10	14.0	14	57.2	38	100.4
-9	15.8	15	59.0	39	102.2
-8	17.6	16	60.8	40	104.0
-7	19.4	17	62.6		

제5절 공동운항 항공사

CODE	한국어	영어
CA	중국국제항공	AIR CHINA
CI	중화항공	CHINA AIRLINES
CZ	중국남방항공	CHINA SOUTHERN AIRLINES
EK	에미레이트항공	EMIRATES AIRLINES
FM	상하이항공	SHANGHAI AIRLINE
GA	가루다 인도네시아항공	GARUDA INDONESIA AIRLINES
JL	일본항공	JAPAN AIRLINES
KQ	케냐항공	KENYA AIRWAYS
LA	란항공	LAN AIRLINES
MH	말레이시아항공	MALAYSIA AIRLINES
MS	이집트항공	EGYPT AIR
MU	중국동방항공	CHINA EASTERN AIRLINES
VN	베트남항공	VIETNAM AIRLINES

제6절 비행편수 읽는 법

4-1. 한국어

숫자를 한자리 단위로 끊어서 읽으며 '0'은 '공'으로 읽는다.

숫자 단위를 붙여 읽지 않는다.

(예)

123편	일 이 삼 편	(◯)	백 이십 삼편	(×)
704편	칠 공 사 편	(◯)	칠 백 사 편	(×)
002편	공 공 이 편	(◯)	영 영 이 편	(×)

4-2. 영어

숫자를 한자리 단위로 끊어서 읽으며 '0'은 'ZERO'로 읽는다.

단, 0이 중간에 있는 편수는 0을 OU로 읽어도 무방하다.

(예)

913편	NINE ONE THREE	(◯)	NINE HUNDRED THIRTEEN	(×)
903편	NINE ZERO THREE NINE O THREE	(◯)	NINE THREE	(×)
801편	EIGHT ZERO ONE EIGHT O ONE	(◯)	EIGHT HUNDRED ONE	(×)
002편	ZERO ZERO TWO	(◯)	O O TWO	(×)

4-3. 일본어

숫자를 한자리 단위로 끊어서 읽으며 '0'으로 시작되는 FLT NO의 '0'은 'まる', 'ぜろ'로 읽는다.

(예)

636편	ろく　さん　ろく　びん	(◯)
704편	なな　まろ　よん　びん	(◯)
002편	まろ　まろ　に　びん　또는 ゼロ　ゼロ　に　びん	(◯)
072편	まろ　なな　に　びん　또는 ゼロ　なな　に　びん	(◯)

제7절 영어 시간 읽는 법

시간과 분 단위로 구분하여 읽는다.

24시가 아닌 12시 단위로 표현하되 오전/오후는 in the morning, in the afternoon(낮 12시~오후 6시), in the evening(오후 6시 이후)로 구분한다. (A.M. 또는 P.M.으로 읽지 않는다.)

12시를 제외한 매시 정각에는 o'clock을 삽입하여 읽는다.

1분부터 9분까지는 반드시 'O'를 중간에 넣어 읽는다. (이때 'O'는 ZERO로 읽지 않고 OU로 읽는다. 30분, 15분, 45분을 a half, a quarter past(to) 등으로 읽지 않는다. (숫자 단위를 붙여 읽지 않는다.)

(예)

밤 12:00	twelve midnight	(○)
오전 12:01	twelve O one in the morning	(○)
낮 12:00	twelve noon	(○)
낮 12:05	twelve O fine in the afternoon	(○)

(예)

오전 3:00	three o'clock in the morning	(○)
오후 5:00	five o'clock in the afternoon	(○)
오전 4:07	four O seven in the morning	(○)
오후 11:43	eleven forty-three in the evening	(○)
오후 19:30	seven thirty in the evening	(○)

제8절 일본어 날짜 및 시간 읽는 법

월	읽는 법	날짜	읽는 법	시	읽는 법
1	いちがつ	1	ついたち	1	いちじ
2	にがつ	2	ふつか	2	にじ
3	さんがつ	3	みっか	3	さんじ
4	しがつ	4	よっか	4	よじ
5	ごがつ	5	いつか	5	ごじ
6	ろくがつ	6	むいか	6	ろくじ
7	しちがつ	7	なのか	7	しちじ
8	はちがつ	8	ようか	8	はちじ
9	くがつ	9	ここのか	9	くじ
10	じゅうがつ	10	とおか	10	じゅうじ
11	じゅういちがつ	11	じゅういちにち	11	じゅういちじ
12	じゅうにがつ	14	じゅうよっか	**분**	**읽는 법**
요일	**읽는 법**	15	じゅうごにち	1	いっぷん
월	げつようび	17	じゅうしちにち	2	にぷん
화	かようび	20	はつか	3	さんぷん
수	すようび	21	にじゅういちにち	4	よぷん
목	もくようび	24	にじゅうよっか	5	ごぷん
금	きんようび	25	にじゅうごにち	6	ろっぷん
토	どようび	30	さんじゅうにち	7	ななぷん
일	にちようび	31	さんじゅういちにち	8	はっぷん
				9	きゅぷん
				10	じゅっぷん

제6장
발음 연습

6 발음 연습

발음 연습은 우리가 기본적으로 알고 있는 발성법인 아, 에, 이, 오, 우를 연습한다. 스타카토 발음은 배에 힘을 주는 발성법으로 복식호흡법으로 발음하는 것을 도와준다. 면접스피치를 할 때에도 마찬가지로 복식호흡법으로 발음해야 목소리가 갈라지지 않고 안정되고 자신감 넘치는 목소리를 낼 수 있다.

아 · 에 · 이 · 오 · 우 발성이 제대로 되면 스피치하는데 있어, 소리전달의 효과가 배가 된다. 여러 사람이 동시에 진행되는 집단면접이나 토론면접, 프리젠테이션 면접에서 울림이 있는 목소리톤을 위해서 지속적으로 연습하여야 한다.

또한 우리말의 자음과 모음을 표로 만들어 꾸준히 연습하는 습관을 들이도록 한다. 특히, 복모음(두 개 이상의 모음자가 모여 이루어진 이중모음)은 이중복합 ㅐ, ㅔ, ㅒ, ㅖ, ㅘ, ㅝ, ㅢ, ㅚ, ㅟ 그리고 삼중복합 ㅙ, ㅞ 등이 이에 속한다. 현대국어에서 단모음으로 발음되는 'ㅐ, ㅔ, ㅚ, ㅟ'를 위에서 제외하고 이중모음으로 발음되는 ㅑ, ㅕ, ㅛ, ㅠ를 이에 포함시켜 이중모음과 동일한 뜻으로 사용하기도 한다.

제1절 한국어 발음 연습

1. 기본적인 자음/모음 연습

모음 / 자음	ㅏ	ㅑ	ㅓ	ㅕ	ㅗ	ㅛ	ㅜ	ㅠ	ㅡ	ㅣ
ㄱ	가	갸	거	겨	고	교	구	규	그	기
ㄴ	나	냐	너	녀	노	뇨	누	뉴	느	니
ㄷ	다	댜	더	뎌	도	됴	두	듀	드	디
ㄹ	라	랴	러	려	로	료	루	류	르	리
ㅁ	마	먀	머	며	모	묘	무	뮤	므	미
ㅂ	바	뱌	버	벼	보	뵤	부	뷰	브	비
ㅅ	사	샤	서	셔	소	쇼	수	슈	스	시
ㅇ	아	야	어	여	오	요	우	유	으	이
ㅈ	자	쟈	저	져	조	죠	주	쥬	즈	지
ㅊ	차	챠	처	쳐	초	쵸	추	츄	츠	치
ㅋ	카	캬	커	켜	코	쿄	쿠	큐	크	키
ㅌ	타	탸	터	텨	토	툐	투	튜	트	티
ㅍ	파	퍄	퍼	펴	포	표	푸	퓨	프	피
ㅎ	하	햐	허	혀	호	효	후	휴	흐	히

2. 바른 발음과 틀린 발음 알아보기

	바른 발음 (O)	틀린 발음 (×)
곶감	[곧깜]	[곡깜]
전국	[전국]	[정국]
잇몸	[인몸]	[임몸]
감기	[감:기]	[강기]
반갑다	[반갑따]	[방갑따]

3. 비슷하게 발음하는 모음 연습

이	아래턱이 위턱에 닿을 정도로 올리고 혀끝을 아랫니에 댄다.	이끼, 이마
에	아래턱을 '이'보다 약간 내리고 혀끝도 '이'보다 조금 내린다.	에어, 에누리
애	아래턱을 '에'보다 조금 더 내리고 혀끝도 '에'보다 더 내린다.	애국, 애교
어	아래턱을 '애' 높이에 두고 혀는 안쪽으로 잡아당긴다.	어깨, 어린이
아	아래턱을 최대한 아래로 내리고 혀는 편안하게 아래에 둔다.	아기, 아버지
오	아래턱을 '에'높이에 두고 입술은 내밀면서 동그랗게 한다.	오늘, 오로지
우	아래턱을 '이'처럼 올리고 입술은 둥글게 오므려 앞으로 내민다.	우산, 우리

4. 모음 'ㅢ'의 다양한 발음 연습

모음 'ㅢ'의 다양한 발음		
의	'의'는 이중모음 [의]로 발음한다.	
	의사 [의사] (O) [이사] (×) [으사] (×)	의원 [의원] (O) [이원] (×) [으원] (×)
이	'의'는 둘째 음절 이상에서 [이]로 발음할 수 있다.	
	주의 [주의] (O) [주이] (O)	민주주의 [민주주의] (O) [민주주이] (O)
	자음을 첫소리로 가지는 '의'는 [이]로 발음한다.	
	희망 [히망] (O) [희망] (×)	띄어쓰기 [띠어쓰기] (O) [띄어쓰기] (×)
에	조사 '의'는 [에]로 발음할 수 있다.	
	우리의 [우리에] (O) [우리의] (O)	민주주의의 [민주주의의] (O) [민주주의에] (O)

5. 발음하기 어려운 문장 연습

- 들의 콩깍지는 깐 콩깍지인가 안 깐 콩깍지인가. 깐 콩깍지면 어떻고 안 깐 콩각지면 어떠냐. 깐 콩깍지나 안 깐 콩깍지나 콩깍지는 다 콩깍지인데.
- 간장 공장 공장장은 강 공장장이고, 된장 공장 공장장은 공 공장장이다.

- 저 분은 백 법힉박사이고 이 분은 박 법학박사이다.
- 작년에 온 솥장수는 새솥장수이고, 금년에 온 솥장수는 헌 솥장수이다.
- 상표 붙인 큰 깡통은 깐 깡통인가? 안 깐 깡통인가?
- 신진 샹숑가수의 신춘 샹숑쇼우.
- 서울특별시 특허허가과 허가과장 허과장.
- 저기 저 뜀틀이 내가 뛸 뜀틀인가 내가 안뛸 뜀틀인가.
- 앞 집 팥죽은 붉은 팥 풋팥죽이고, 뒷집 콩죽은 햇콩단콩 콩죽,우리집 깨죽은 검은깨 깨죽인데 사람들은 햇콩 단콩 콩죽 깨죽 죽먹기를 싫어하더라.
- 우리집 옆집 앞집 뒷창살은 흩겹창살이고, 우리집 뒷집 앞집 옆창살은 겹흩창살이다.
- 내가 그린 기린 그림은 긴 기린 그림이고 니가 그린 기린 그림은 안 긴 기린 그림이다.
- 저기 계신 저 분이 박 법학박사이시고, 여기 계신 이분이 백 법학 박사이시다.
- 저기 가는 저 상장사가 새 상 상장사냐 헌 상 상장사냐.
- 중앙청 창살은 쌍창살이고, 시청의 창살은 외창살이다.
- 멍멍이네 꿀꿀이는 멍멍해도 꿀꿀하고, 꿀꿀이네 멍멍이는 꿀꿀해도 멍멍하네.
- 저기 있는 말뚝이 말 맬 말뚝이냐, 말 못 맬 말뚝이냐.
- 옆집 팥죽은 붉은 팥죽이고, 뒷집 콩죽은 검은 콩죽이다.

■ 경찰청 쇠창살 외철창살, 검찰청 쇠창살 쌍철창살.

■ 경찰청 철창살이 쇠철창살이냐 철철창살이냐.

■ 내가 그린 구름그림은 새털구름 그린 구름그림이고, 네가 그린 구름그림은 깃털구름 그린 구름그림이다.

■ 칠월칠일은 평창친구 친정 칠순 잔칫날.

■ 고려고 교복은 고급교복이고 고려고 교복은 고급원단을 사용했다.

■ 저기 가는 상장사가 헌 상장사냐 새 상장사냐.

■ 대우 로얄 뉴로얄.

■ 한국관광공사 곽진광 관광과장.

■ 생각이란 생각하면 생각할수록 생각나는 것이 생각이므로 생각하지 않는 생각이 좋은 생각이라고 생각한다.

■ 간장공장 공장장은 강공장장이고 된장공장 공장장은 장공장장이다.

■ 김서방네 지붕 위에 콩깍지가 깐콩깍지냐 안깐콩깍지이냐?

■ 앞뜰에 있는 말뚝이 말맬말뚝이냐 말안맬말뚝이냐.

■ 내가 그린 기린그림은 잘 그린 기린그림이고 네가 그린 기린그림은 잘못그린 기린그림이다.

■ 경찰청 쇠창살 외철창살, 검찰청 쇠창살 쌍철창살.

제2절 영어 발음 연습

정확한 영어 발음을 구사하기 위해서는 기본적인 영어 발음을 익혀야 한다. 영어 발음이 잘 안 되는 것은 강세, 연음, 호흡, 억양이 정확하지 않기 때문이다. 같은 문장을 원어민의 발음으로 반복해서 듣고 정확히 숙지하여 원어민과 유사하게 발음할 수 있도록 꾸준히 연습해야 한다. 기본적인 발음을 익힌 후에는 영어 리듬을 익혀야 한다. 흔히 영어 문장을 읽을 때, 한국어 책을 읽듯이 각 단어에 동일한 시간과 비중을 두고 읽는데 이는 틀린 방법이다. 영어는 단어 단위로 띄어쓰기를 하지만, 발음할 때에 발음은 단어 단위로 읽지 않고 강세를 리듬의 단위로 읽는다. 아래 문장들을 각각 구성하는 단어 수는 갈수록 길어지지만, 세 문장 모두 세 개의 문장 강세를 가져 3박자 리듬을 구성하여 발음소요 시간이 세 문장이 같다. 물론 발음할 때 혀는 아래로 갈수록 더 빨라지기는 한다.

① Cats chase mice.

② The cats chase the mice.

③ The cats will chase the mice.

따라서 영어의 리듬을 익히면 발음이 좋아지고 안 들렸던 영어도 잘 들리는 장점이 있다. 턱의 근육을 사용하고 입술을 크게 벌리면서 발음 연습을 해야 정확한 발음을 낼 수 있으므로 큰소리로 입술과 턱을 이용하여 반복 연습할 수 있도록 한다.

영어발음에는 우리 발음에 없는 [f], [r], [z], [v], [ʃ] 발음들이 많다. 이들 발음은 발음기호대로 읽어보면 원어민의 발음과 차이가 난다.

기내방송을 읽다 보면 기내에서 자주 사용하는 단어와 문장들이 있으니, 반복적으로 연습하여 자연스러운 방송문이 될 수 있도록 노력해야 한다.

1. 모음 연습

모음이란 성대가 울려 나는 소리로 입안 어느 곳에도 저촉됨이 없이 나오는 소리, 즉 Alphabet 'a, e, i, o, u'의 발음을 말한다.

모음이 있어야 발음이 되므로 음절을 나눌 때, 그리고 부정관사 an의 사용이나 정관사의 발음 등에서 모음과 자음의 구분이 필요하다.

* 단모음 [e, æ, i, ɔ, o, u, ə, ʌ, ɑ]
* 장모음 [iː ɑː əː ɔː uː]을 말하며, [iː]와 [uː]는 단순히 [i]와 [u]의 장모음이 아니고 별도의 모음.
* 이중모음 [ei] [ai] [au] [ɔi] [ou] [i] [ɛə] [ɔə] [uə]
* 삼중모음 [aiə] [auə]

구분	[a]	[e]	[i]	[o]	[u]		[ʌ]		[ɛ]	[æ]
소리	아	에	이	오	우	어	어	오	에	애
기호	ㅏ	ㅔ	ㅣ	ㅗ	ㅜ	ㅓ	ㅓ	ㅗ	ㅔ	ㅐ

2. 유성자음(16개)

성대가 울려 나오는 소리로 입안 어디에서 저촉되어 나오는 소리로 저촉방법에 따라 파열음, 파찰음, 마찰음, 비음, 설전음, 설측음, 반모음으로 구분한다.

- 파열음 - [b, d, g] 숨을 막았다가 한 번에 터뜨림
- 파찰음 - [ʤ] 숨을 막았다 마찰방식으로 터뜨림
- 마찰음 - [ð, z, ʒ, h, v] 통로를 좁혀 부드럽게 접촉
- 비음 - [m, n, ŋ] 입안의 통로를 막고 코로 숨을 내보냄
- 설전음 - [r] 혀끝을 입천장에 굴리듯
  (영국식은 살짝 접촉, 미국식은 접촉하지 않음)
- 설측음 - [l] 혀끝을 입천장에 대고 혀 양옆으로 숨을 내보냄
- 반모음 - [w, j] 문법상으론 자음으로 간주한다.

구분	[b]	[d]	[j]	[l]	[m]	[n]	[r]	[v]	[z]			[tz]	[ð]	[h]	[g]	[ŋ]
소리	브	드	이	러	므	느	르	브	즈	쥐	지	쯔	뜨	흐	그	응
기호	ㅂ	ㄷ	ㅣ	ㄹ	ㅁ	ㄴ	ㄹ	ㅂ	ㅈ	주	ㅈ	ㅉ	ㄸ	ㅎ	ㄱ	ㅇ

3. 무성자음(10개)

성대가 울리지 않으므로 단독으로는 소리를 내지 못하고 모음과 어울려 소리를 만들며(저촉방법은 유성자음과 동일) 파열음, 파찰음, 마찰음으로 구분할 수 있다.

- 파열음 - [p, t, k]
- 파찰음 - [ʧ]
- 마찰음 - [f, θ, s , ʃ]

구분	[f]	[k]	[p]	[s]	[t]			[Θ]	[t]	[ŋ]
소리	프	크	퍼	스	트	쉬	취	쓰	츠	응
기호	ㅍ	ㅋ	ㅍ	ㅅ	ㅌ	수	추	ㅆ	ㅊ	ㅇ

4. 영어 발음기호 익히기

홀소리(모음)		닿소리(자음)	
ㅏ	a	ㄱ	k/g
ㅐ	ae	ㄴ	n
ㅑ	ya	ㄷ	d
ㅒ	yae	ㄹ	r/l
ㅓ	o	ㅁ	m
ㅔ	e	ㅂ	b
ㅕ	yo	ㅅ	s
ㅖ	ye	ㅇ	ng
ㅗ	o	ㅈ	j/g
ㅘ	wa	ㅊ	ch
ㅙ	wae	ㅋ	k/ch
ㅚ	we	ㅌ	t
ㅛ	yo	ㅍ	p
ㅜ	u/oo	ㅎ	h
ㅝ	wo	ㄲ	k
ㅞ	wae	ㄸ	t
ㅟ	wi	ㅃ	b
ㅠ	yu	ㅆ	c/sh
ㅡ	u	ㅉ	tch/j
ㅢ	ui		
ㅣ	i/ee		

부록

C.I.Q(Customs, Immigration, Quaratine)

- Altitude 고도.
- Accompanied minor 동반된 어린이.
- Alternative airport 교체 공항.

- Bunk 장거리 비행을 하는 승무원들이 쉴 수 있는 곳.
- Bassinet 기내용 유아요람.
- Baggage Claim Tag 수하물 증표.
- Block Time 출발지의 주기장을 출발하여 목적지의 주기장에 도착하기까지 걸린 시간.

- Cabin Attendant 또는 Flight Attendant 객실승무원.
- Cockpit Crew 기장 · 부기장, 엔지니어를 포함한 운항 승무원.
- Call Button 승객들이 승무원을 호출할 때 누르는 버튼.
- Configuration 객실 내 좌석배치.
- Control Tower 비행관제탑.
- Checked Baggage 여행자가 붙이는 짐.
- Child fare 만 2세 이상 12세 미만 여행자에게 적용되는 항공요금.
- C.I.Q(Customs, Immigration, Quaratine) 세관, 출입국, 검역의 약자.
- Connection Time 연결 항공편으로 갈아타는 데 필요한 시간.
- Confirmation 예약확인.

- Day Off 비행근무 후 주어지는 휴무.
- Doubble Flight 국내선의 경우, 왕복비행 스케줄.
- DSR(Daily Sales Report) 항공권 판매에 관한 일일 판매보고서.
- Divert 항공기사 기상 및 제반 여건의 문제로 예정 공항에 착륙하지 못하고 인근의 다른 공항에 착륙하거나 다시 돌아오는 것.

- Embarkation/Disembarkation card 출입국 기록카드.

- Flight Bag 승무원이 항상 지니고 다니는 항공가방.
- Forced landing 비상착륙, 기체구조 상의 고장.

- Galley 항공기 내의 주방.
- Gate way 그 지역의 gate 역할을 하는 도시.
- General Sales agent(GSA) 총 판매 대리점.

- Hand Carry Baggage 기내에 가지고 들어갈 수 있는 짐.

- Infant fare 유아요금. 국제선의 경우 2세 미만을 유아로 본다. 따로 좌석을 확보하지 않을 때는 보통요금의 10%, 자리를 확보할 때는 어린이 요금에 준하는 금액을 항공료로 지불해야 함. 국내선의 경우, 만 3세 미만은 무료이다.
- In-Flight Sale 기내서비스. 이어폰, 타월, 음료, 기내식, 기내판매, 입국서류 배포 및 작성, 기내영화 상영 등.
- Itinerary change 여행일정 변경.

- Jump Seast 승무원 좌석으로 cabin door 옆에 설치되어 있음. 사용하지 않을 때는 자동으로 접힘.

- Miss Flight 비행결근.

- No record(NOREC) 항공예약권을 제시했으나 항공사 측에서 예약된 기록이나 좌석을 확인해 주지 못하는 상태.
- No Show(NOSHO) 여행자가 예약취소도 하지 않고 예약편에 탑승하지 않은 상태.

- Overhead Bin 수화물 선반.

- Pre-Flight Check 비행 전 점검. 비상보안장비점검, 담당구역점검 및 서비스 준비사항 등.

- SUBLO(Subject to load) 사전예약은 불가능하고 여석이 있을 경우에만 탑승이 가능한 경우를 일컬음. 이 제도는 무상 또는 할인요금으로 탑승하는 항공사 직원이나 직원의 가족 등에게 적용된다.
- Standby 항공권 매진 혹은 요금상의 제한 등으로 인하여 항공권을 예약하지 못했을 때 현장에서 예약취소 등으로 좌석이 생겼을 경우 그 표을 구매해 탑승하고자 하는 탑승대기자를 일컬음.

참고문헌

이희승(2013), 『국어대사전』, 민중서림

조선이(2010), 『항공객실서비스실무』, 백산출판사

대한항공 객실 기내방송문(2000)

http://koreanair.com

www.naver.com

저사소개

조선이

경기대학교 일반대학원 관광학 석사/동 대학원 박사과정

경주대학교 관광경영학과 외래교수

청운대학교 호텔경영컨벤션학과 외래교수

대덕대학교 관광항공철도승무과 교수

현) 정화예술대학 항공서비스 전공 조교수

항공 기내방송 IN-FLIGHT ANNOUNCEMENT

2013년 9월 5일 초판 1쇄 인쇄
2013년 9월 10일 초판 1쇄 발행

저 자 조 선 이

발행인 寅製 진 욱 상

저자와의 합의하에 인지첩부 생략

발행처 백산출판사

서울시 성북구 정릉3동 653-40

등록 : 1974. 1. 9. 제 1-72호

전화 : 914-1621, 917-6240

FAX : 912-4438

http://www.ibaeksan.kr

editbsp@naver.com

값 12,000원

ISBN 978-89-6183-779-8